L'EUROPE

ET L'AMÉRIQUE.

Ouvrages de M. DE PRADT, *qui se trouvent chez le même Libraire.*

1° Les quatre Concordats, suivis de considérations sur le Gouvernement de l'Eglise en général, et sur l'Eglise de France en particulier, depuis 1515, 5 vol. in-8°, 18 fr.

2° Des Colonies, de la Révolution actuelle de l'Amérique, 2 vol. in-8°, RARE, 15 fr.

5° Les trois derniers mois de l'Amérique méridionale et du Brésil, 2ᵉ édit., revue, corrigée et augmentée, 1 vol. in-8°, 5 fr.

4° Les six derniers mois de l'Amérique et du Brésil, faisant suite aux deux Ouvrages ci-dessus sur les Colonies, 1 vol. in-8°, 4 fr. 50 c.

5° Pièces relatives à Saint-Domingue et à l'Amérique, 1 vol. in-8°, 5 fr.

6° Antidote au congrès de Rastadt, suivi de la Prusse et de sa neutralité, nouv. édit., 1 gros vol. in-8°, 8 fr.

7° Lettre à un électeur de Paris, 2 vol. in-8°, 5 fr.

8° Préliminaires de la session de 1817, 1 vol. in-8°, 5 fr. 50 c.

9° Des Progrès du Gouvernement représentatif en France, in-8°, 1 fr. 25 c.

10° L'Europe après le Congrès d'Aix-la-Chapelle, faisant suite au Congrès de Vienne, 2ᵉ édit., 1 vol. in-8°, 6 fr.

11° Mémoire historique sur la Révolution d'Espagne, 1 vol. in-8°, 7 fr.

12° Récit historique sur la Restauration de la royauté en France le 31 mars 1814, un vol. in-8°, 2 fr.

13° Congrès de Carlsbad, première partie, in-8°, 2 fr.

14° Congrès de Carlsbad, seconde partie, in-8°, 4 fr.

15° Etat de la Culture en France, 2 vol. in-8°, 10 fr.

16° Petit Catéchisme à l'usage des Français, sur les affaires de leur pays, 2ᵉ édit., 1 vol. in-8°, 5 fr. 50 c.

17° Suite des quatre Concordats, 1 vol. in-8°, 4 fr. 50 c.

18° De la Révolution d'Espagne, 1 vol. in-8?. 4 fr. 50 c.

19° Procès complet de M. de Pradt, 1 vol. in-8°, 5 fr.

20° De l'affaire de la Loi des Elections, 2ᵉ édit., revue, 1 vol. in-8°, 6 fr.

21° De la Belgique, depuis 1789 jusqu'en 1794, 1 vol. in-8°, 5 fr.

L'EUROPE

ET L'AMÉRIQUE,

DEPUIS

LE CONGRÈS D'AIX-LA-CHAPELLE;

PAR M. DE PRADT,

ANCIEN ARCHEVÊQUE DE MALINES.

TOME PREMIER.

A PARIS,

Chez Béchet aîné, Libraire, quai des Augustins, n° 57.

ET A ROUEN,

Chez Béchet fils, Libraire, rue Grand-Pont, n° 73.

1821.

IMPRIMERIE DE DENUGON.

PRÉFACE.

LE *temps avance au milieu des orages,* vouloir arrêter *son impétuosité serait un vain effort.* Ainsi parle M. le prince de Metternich, répondant confidentiellement au ministre d'une puissance allemande.

Voici un aveu bien précieux dans la bouche du chef d'un des premiers cabinets de l'Europe, ne se dissimulant pas la vanité des efforts que l'on peut tenter contre l'ordre actuel du monde. Cet aveu renferme la reconnaissance de l'état réel des choses, soit qu'on le considère dans la marche générale des affaires, ou même dans ses détails. Les deux années qui viennent de s'écouler présentent la confirmation la plus éclatante de l'aperçu lumineux que l'on doit au ministre autrichien.

Voyez comme ces deux années ont été pleines, comme en elles tout a été neuf; quel poids elles ont apporté dans la décision de la grande contestation qui agite le monde. Mesurez l'étendue des progrès que, dans ce laps de temps, a fait cette réformation sociale qui, sous le nom d'ordre constitutionnel, va changeant la face du monde, en substituant des gouvernemens libres et réguliers aux régimes arbitraires et irréguliers en vigueur presque partout avant cette époque.

C'est de ce point de vue que je suis parti pour assigner le mouvement combiné de l'Europe et de l'Amérique, depuis le congrès d'Aix-la-Chapelle. Rien ne m'a paru plus important que de déterminer exactement l'espace qu'on a parcouru pendant ce temps, et de fixer le point auquel on est arrivé. Pour cela, il a fallu tracer la marche qui a été suivie, et le résultat qu'elle a obtenu. Malheureusement ce calcul est un soin bien négligé, et toute l'attention semble se rapporter à des choses de parti ou de détail, dont la connaissance importe peu, et dont l'existence n'est propre qu'à former des embarras.

Au contraire, dans des discussions de la nature de celle qui nous occupe, il faut imiter les navigateurs, prendre hauteur chaque jour, et se demander, comme eux, *combien de nœuds on a filé sur cette mer orageuse?* C'est le seul moyen de s'y reconnaître, et d'évaluer avec quelque certitude la direction et le degré de vitesse qu'a eue la marche du monde depuis le congrès d'Aix-la-Chapelle.

Cette marche a montré trois caractè-tères principaux : *la rapidité, la nou-veauté, l'immensité.* Voyez les effets, le nombre, et l'impétuosité avec laquelle les événemens se sont entassés depuis le congrès d'Aix-la-Chapelle. Ces faits ont amené deux résultats, à leur tour bien dignes d'observation.

1° L'accroissement de l'ordre consti-tutionnel, qui s'est généralisé en Europe et en Amérique.

2° L'inutilité des efforts tentés contre lui, et qu'il a déjoués avec un succès toujours égal, de manière à permettre de penser que ce soit pour lui que M. de Metternich ait dit, sous le nom du Temps: *S'opposer à son impétuosité serait un effort inutile.*

Quel spectacle pour un ami véritable et indépendant de l'humanité ! comme il est vaste, comme il est frappant! comment en détourner ses regards, lorsqu'ils en ont été frappés une fois? Que n'a-t-on pas à souffrir quand on se sent arraché à ces hautes contemplations par les clameurs qui rabaissent un mouvement qui porte avec lui les destinées de l'espèce humaine au niveau d'une sédition de village, ou de la mutinerie d'une escouade indisciplinée?

C'est vers ces spéculations relevées que je me suis senti pressé du besoin de ramener l'attention qui s'égare sur des objets partiels, ou trop propres à déposer dans les esprits plus d'âcreté que d'instruction. Tenons pour certain que la manière la plus efficace d'épurer les esprits est de les agrandir, et que la petitesse est toujours compagne des passions, même quand elle n'en est pas la mère.

Tout grand mouvement social a un

but déterminé : tout livre n'est qu'une seule pensée, toute révolution n'a qu'un objet. Celui de la révolution humaine, dont nous sommes les témoins et les acteurs, est l'établissement de l'ordre constitutionnel. Les immenses progrès qu'il a faits, et qui s'apprêtent à lui en assurer d'autres, forment le fond de l'histoire des deux dernières années. Les guerres avaient interrompu le cours de ces progrès. Du moment qu'elles ont cessé, ces progrès ont recommencé, ils existaient en germe depuis 1789. Pour mettre dans tout son jour l'impossibilité de s'opposer avec efficacité à la propagation de cet ordre constitutionnel, j'ai dû montrer comment, dans un espace de trente-un ans, cet ordre a grandi dans la proportion de 1 à 20. Ses progrès sont devenus irrésistibles au point que ceux-là mêmes qui, par des circonstances diverses, veulent y rester étrangers pour leur propre compte, ne lui contestent point l'existence, son *droit à être;* seulement, ils lui demandent de se régulariser, et de rejeter ce qui pourrait devenir perturbateur ou inquiétant pour les autres : demande modérée en elle-même, et qui renferme bien plus de confirmation que d'opposition. Ainsi, dans ce moment, trois souverains, dont deux du Nord, qui sont à-peu-près les seuls en Europe gouvernant hors de l'ordre constitutionnel, se sont rassemblés, et délibèrent, non pas pour renverser violemment l'ordre constitutionnel de Naples, mais seulement pour lui demander à lui-même de se modifier et de placer dans son sein des garanties qu'ils ne croient pas y reconnaître encore. Il semble qu'ils seront satisfaits en obtenant que cet ordre, conservé en lui-même, change seulement à sa source, et parte du prince au lieu de partir du peuple, qu'il présente les apparences du don volontaire de la part des princes, et non plus celles de l'acceptation seule faite par eux : car c'est là tout ce que l'on exige de lui. Le plus intéressé de ces princes aux affaires de Naples ne parle qu'à titre de voisinage, et n'en veut pas à la chose elle-même, de manière à ce que le sort de l'ordre constitutionnel de Naples se trouve entièrement dépendre de ce qu'il plaira de faire aux chefs actuels du gouvernement napolitain (1). L'on n'allègue rien contre la révolution et la constitution de l'Espagne, chose bizarre, que l'on poursuit en Italie, comme si, tant qu'elle sub-

____

(1) La question entre Naples et l'Autriche est ainsi réduite à n'être plus que ce que l'on appelle une question *de mur mitoyen.*

sistera en Espagne, ce n'était pas comme si elle régnait en Italie, comme si les Napolitains pouvaient oublier ni qu'elle aura passé chez eux, ni les moyens par lesquels on l'aura empêché de s'y fixer. On observe la même neutralité à l'égard du Portugal ; ainsi, loin que les délibérations des congrès de Troppau et de Laybach soient contraires à l'établissement de l'ordre constitutionnel, elles en renferment, au contraire, une confirmation très-implicite, puisqu'elles n'élèvent pas une seule objection sur le fond même des établissemens constitutionnels, mais seulement sur des incidens et des accessoires purement locaux.

La nature même du sujet nous a conduit à cette conclusion : C'est qu'il ne suffit pas, pour jouir des fruits de l'ordre constitutionnel, d'en avoir un *tel quel*, et comme nominal, mais que, de plus,

il est indispensable d'avoir cet ordre avec
ses principes et ses conséquences. La condition est invincible, sous peine de tomber dans une position fausse, telle que
celle qui cause le tumulte de l'Europe. Des
hommes resserrés dans une habitation in-
commode, et dont le craquement répété
avertit à chaque instant les habitans
des défauts et des dangers de sa cons-
truction, s'aperçoivent facilement de ces
vices, et cherchent à se garantir de leurs
effets, en s'agitant entre l'inquiétude et
le mécontentement, dans l'espoir de
mettre un terme à une situation contrainte et menaçante. Tel est l'état des
peuples qui sentent les épines de leurs
constitutions. Il est donc de l'intérêt véritable des gouvernemens, lorsqu'ils forment des établissemens constitutionnels,
de les régler sur les principes les plus
sains de la matière, et sur les modèles

recommandés par l'expérience, parce qu'il est impossible, dans nos sociétés modernes, que les défauts introduits dans ces établissemens ne soient pas aperçus, indiqués, ressentis, et qu'ils ne deviennent pas dès causes actives de mécontentement.

C'est la considération de cet état de nos sociétés qui m'a porté à conclure de tout ce qui se fait aujourd'hui, qu'il n'existe encore qu'une *Europe provisoire*, destinée à devenir une *Europe définitive dans l'ordre constitutionnel*, lorsque les trois grands mobiles de l'amélioration actuelle auront eu tout leur effet. C'est alors que prendra un terme ce partage de l'Europe en côté droit et en côté gauche, résultant de la *non-conformité* qui fait le fond de l'état actuel de cette contrée. Cette division existe depuis l'assemblée constituante ; celle-ci aurait épargné à la France et au monde ses suites fatales, si, au lieu de perpétuer le pouvoir dans ceux de ses membres qu'elle venait d'arracher de leurs anciens postes, elle eût prononcé sa propre dissolution, et fait l'appel de membres nouveaux, que l'esprit du temps aurait désignés uniformément parmi les amis de la patrie. Mais charger la contre-révolution de faire marcher la révolution, ne pouvait que faire le pendant du décret de non réélection des constituans, cette autre résolution qui a complété les maux qu'avait entamés la première.

Le midi de l'Europe, bien mieux avisé, n'est pas tombé dans une erreur semblable; il a sagement fait que l'œuvre fût remise à des mains sûres et amies. que fût-il arrivé en Espagne, avec une assemblée composée à moitié des grands d'Espagne et des inquisiteurs. Il y a eu *conformité* dans la révolution du midi de l'Europe, parce qu'on a su veiller à ce qu'il y eût *conformité* dans le pouvoir.

Les trois derniers événemens marquans en Europe ont été :

1° Le procès de la reine d'Angleterre ;

2° Le résultat des élections en France ;

3° Le congrès de Troppau.

Le procès de la reine est devenu et continuera d'être un principe très-actif de division en Angleterre : il a ébranlé et scindé le ministère ; il ne peut manquer d'affaiblir son crédit sur le continent.

Le résultat de l'essai fait par la loi nouvelle des élections a placé la France dans un état d'hésitation et d'incertitude sur elle-même. Elle se demande si c'est bien elle qu'elle retrouve dans son état nouveau, et ce qu'il lui prépare ; on fuyait

la démocratie, on est tombé dans l'aristocratie, méprise fatale, allié funeste,
et toujours prêt à offrir son pernicieux
secours pour parvenir à dominer; maintenant c'est elle qu'il faut contenir dans
de justes bornes, celles que trace la
modération, et que ne franchit pas la
sincérité. Lorsque de grands intérêts
sont mis en jeu, un tiers parti est une
vraie pierre philosophale, et la force
des choses ramène infailliblement les
hommes vers des couleurs tranchantes.
Les commandemens d'une pareille situation peuvent être exigeans au point
de faire placer la prudence dans l'inac-
tion, et de faire demander au bien lui-
même d'attendre de pouvoir être demandé sans danger. C'est une situation
contrainte, embarrassée, et qui donne
ouverture à la sixième direction politique qui a eu lieu en France depuis
six ans.

La France de 1821 rappelle l'Angleterre de 1681, à l'époque du parlement d'Oxford, lorsque le parti dit de la patrie eut fatigué la nation, et par-là l'eut rejeté du côté de la cour. Heureusement l'état de la France, comme celui de la civilisation, écarte la crainte du retour des abus de la victoire, tels qu'ils eurent lieu en Angleterre, et cette sauvegarde donnée par la civilisation moderne, est à la fois la preuve et l'éloge de l'avancement de nos sociétés.

Le congrès de Troppau, produit de la Sainte Alliance, n'a encore pris qu'un seul caractère, celui de la *non-opposition à l'ordre constitutionnel, non perturbateur des Etats voisins.* Ce congrès n'a trouvé rien à redire à l'Espagne et au Portugal. La manifestation d'un second caractère, celui d'agir par la force sur des peuples non soumis directement à sa juridiction, dépend des résolutions qui seront prises par les peuples menacés; eux-mêmes décideront de leur sort. Fasse le ciel que la raison et le droit soient seuls écoutés, que la force se cache, que de grands sujets de plaintes et de craintes ne soient pas donnés aux hommes de tous les pays qui aiment l'humanité, et la liberté légale et pacifique! Une extrême prudence est nécessaire, lorsque ce qui se fait dans un seul lieu peut être examiné dans tous, lorsque les hommes peuvent croire avoir à craindre pour eux-mêmes ce qu'ils voient faire aux autres, lorsqu'ils peuvent le dire tout haut, se conduire eux-mêmes, et engager les autres à se conduire d'après ce que le malheur d'autrui peut leur inspirer dans l'intérêt de leur sécurité propre.

La force, on le sait, peut s'ouvrir un passage jusqu'à Naples; mais le royaume de Naples n'est pas concentré dans la capitale, qui est une ville frontière. C'est au-delà de Naples que commenceraient les difficultés. Un pays ruiné, une famille royale combattant contre ceux qui disent lui porter assistance, des finances abîmées et irréparables, la lèpre du brigandage, fléau de ces contrées, élevée à l'honneur du patriotisme, la férocité mise en jeu, le crime déchaîné, et renouvelant les scènes horribles de la Calabre et de l'Espagne contre les Français; finalement une retraite en Sicile, tous ces malheurs achetés au prix d'un grand affaiblissement physique et moral dans l'armée autrichienne; tels sont les résultats que présente une attaque contre Naples.

Cette attaque sur Naples est l'affaire d'un jour; mais les suites de cette attaque pourraient être celle de beaucoup d'années, et le jugement de cette attaque celle de beaucoup de siècles. Il y a là un grand nombre d'intérêts divers, et même un peu nouveaux, et les anciennes méthodes d'évaluation pourraient ne pas trouver ici leur place entière et accoutumée.

Le monde actuel est toujours *aux écoutes et à l'observatoire* : la plus inquiète attention doit tenir éveillés tous ceux qui sont engagés dans le mouvement du renouvellement social qui se poursuit, en dépit des obstacles qu'on lui oppose. Il existe dans les choses auxquelles ils président de grands besoins de redressement; combien il serait malheureux que des actes de violence et l'emploi de la force contre les autres, les détournassent de l'intention de ces amendemens désirables, et les portassent vers une aggravation qui leur montrerait, peut-être à tort, de nouvelles garanties pour eux et pour leur ouvrage! La communication des peuples entre eux a rendu toute action privée impossible; en agissant pour soi seul, on agit pour tout le monde, et dans l'acte d'autrui chacun s'approprie ce qui se rapporte à sa situation personnelle.

Tenez compte de cette disposition nouvelle, dirai-je à quiconque dispose de quelque pouvoir : ayez sans cesse le monde entier devant les yeux, car c'est sous ses regards, et sur le seuil de ses archives que vous agissez. Avant tout, aimez, respectez l'humanité, rapportez-lui l'intention de toutes vos actions, elle a eté beaucoup oubliée, beaucoup traitée en simple étoffe de la politique, elle qui èst la base de tout, et l'objet de la création même. Des âmes vulgaires la traiteront de séditieuse lorsqu'elle voudra cesser d'être opprimée ; des âmes élevées la traiteront de divine, s'honoreront d'être ses serviteurs, et d'aider à lui faire restituer l'héritage que le ciel lui avait destiné.

Combien il serait heureux pour elle qu'à tant de congrès et d'assemblées partielles que l'on voit se succéder depuis quelques années, sans s'apercevoir que la diminution des embarras corresponde à l'augmentation de ces réunions politiques, on substituât une assemblée de la souveraineté de l'Europe pour prendre enfin dans une considération sérieuse l'état de cette contrée, et pour statuer sur son mode d'existence, de manière à éviter les collisions que ne peut manquer de produire la non-conformité dont elle est généralement affectée, qui la trouble, et qui ne cessera pas de la troubler tant qu'on ne sera pas revenu à cet état général de conformité qui faisait l'ancienne sécurité. A voir l'inutilité des efforts faits pour maintenir la tranquillité européenne depuis le congrès de Vienne, on sent qu'il doit exister un vice caché qui rend tous ces efforts illusoires ; et ce vice quel est-il? la non-conformité et la *partialité* de ces efforts. Il y en a pour cent ans, en prenant les choses en détail; il n'y en aura que pour quelques jours, en traitant l'ensemble. Il appartient aux grands pouvoirs de jeter en bronze, la marqueterie doit être abandonnée aux petits. Quelle gloire plus grande et plus touchante que celle de mettre enfin un terme à tant d'agitations et de devenir les législateurs du monde!

Depuis plusieurs années, j'indiquais la nécessité de cette mesure pour l'immense affaire des colonies; dans ce moment, je l'étends à celles de l'Europe, et par des motifs absolument semblables. On a laissé aller l'Amérique; qu'a-t-on gagné à ne pas s'en occuper? En continuant de même de laisser aller l'Europe, on verra s'il y a à gagner davantage. Il est facile et commode de traiter d'*utopie* toute proposition d'amélioration. Eh bien! j'aime les utopies comme opposition à la sécheresse du cœur et à la paresse de l'esprit, ces deux grands fléaux de l'humanité, ces pestes de la société, ces deux satellites de l'orgueil et de l'insensibilité.

Lecteur, acceptez l'intention qui a présidé à la composition de cet écrit, en compensation des nombreux défauts qu'il vous présentera ; pardonnez à des fautes dont la vue ne m'échappe pas, mais dont la correction dépasse les limites du temps dont je puis disposer : comment pouvoir corriger, lorsqu'on a à peine le temps de penser et d'écrire? Ce que l'on écrit la veille se trouve déjà vieilli le lendemain. La scène à laquelle nous assistons est si chaude, ses mouvemens sont si rapides, si inattendus, si nouveaux, qu'il faut les saisir, pour ainsi dire, au vol, et se borner à placer un point de reconnaissance sur chacun d'eux. En tout ce qui se fait, le public ne demande plus que la direction générale et les résultats ; aussi n'ai-je voulu montrer qu'eux ; votre indulgence et vos lumières fondent également ma confiance, et pour ce que j'ai pu dire, et pour ce qui m'aura échappé.

Ne voyez dans l'auteur de cet écrit qu'un ami sincère de l'humanité et de la vérité ; on s'égare, il a fallu le dire : la famille humaine est divisée ; il a fallu travailler à la rapprocher, et tâcher de réunir dans un cours uniforme deux fleuves qui coulent dans un sens contraire. La discorde est partout en Europe ; on ne s'entend plus sur rien ; cependant il ne peut y avoir de bonheur pour cette contrée que dans la communauté du langage et du mode d'existence : sans cette conformité, tout continuera d'être défiances, reproches et collisions, c'est-à-dire, absence de bonheur.

Les inconvéniens de cette non-conformité éclatent en tout. Je n'en citerai ici que trois exemples.

1° La Sainte Alliance elle-même est *non-conformiste*. L'Angleterre avec son parlement et sa liberté de la presse ne peut pas être dans cette alliance au même titre, ni avec la même aisance que les Etats auxquels l'absence d'ordre parlementaire et de liberté de la presse laisse toute latitude.

2° Dans la cause de la reine d'Angleterre, l'épiscopat anglais s'est montré divisé sur le principe même du divorce d'après la loi divine, les uns soutenant la liberté, et les autres la prohibition.

3° On vient d'entendre dans la chambre des députés de France, les révolutions du Midi, traitées, d'un côté, de révolte et de sédition, et, de l'autre, qualifiées de reprise légitime de leurs droits par les peuples.

« La non-conformité arrivée à ce point finit par exclure la possibilité même de la société; car, pour vivre ensemble, il faut commencer par s'entendre.

J'ai beaucoup insisté sur cet article, parce qu'il est le nœud véritable de la question.

Français, que ce qui vient de se passer parmi vous ne vous porte point au découragement; un moment de sommeil ou de surprise peut être bientôt réparé; ce n'est qu'un appel à un peu plus de vigilance et d'union : une armée n'est point détruite, parce qu'une de ses ailes aura été battue. Imitez les généraux de Rome : quand ils voulaient rappeler la victoire infidèle, ils commençaient par rappeler le soldat aux durs exercices de cette discipline qui donna à la ville éternelle l'empire du monde : faites de même; remontez aux principes de votre ordre constitutionnel; veillez avec soin sur leur maintien, loin de l'exagération de la liberté comme de celle de la servitude; c'est dans ce juste milieu que se trouvent la sécurité et le repos; vous marchez, appuyés sur la civilisation tout entière de l'univers, ce point d'appui est inébranlable, et vous qui avez ouvert cette large voie dans laquelle le monde s'avance à si grands pas, vous qui en avez arrosé chaque partie de votre sang, lorsqu'autour de vous tout marche, tout s'élargit, vous ne consentirez pas à vous rapetisser ni à rétrograder.

Ce n'est pas dans cette route que l'on peut trouver des Français, ils ne sont faits que pour ce qui est grand, et pour ce qui peut servir d'exemple et d'enseignement à l'univers.

TABLE

DES MATIÈRES.

FIN DE LA TABLE.

L'EUROPE

ET L'AMÉRIQUE,

DEPUIS LE CONGRÈS D'AIX-LA-CHAPELLE, FIN DE 1818.

~~~~~~

CHAPITRE PREMIER.

Plan de l'ouvrage.—Considérations générales.

> Le genre humain est en marche,
> rien ne le fera rétrograder (1).

Telles ont été souvent mes paroles depuis plusieurs années, accueillies dès l'abord par

---

(1) Qu'à Carlsbad comme ailleurs on parte donc de ce point unique, parce qu'en lui seul se trouve la vé-rité. «Le genre humain est en marche, il ne peut » rétrograder ; le refouler est impossible : il faut donc » se borner à le diriger dans la pente qu'il a pris et
~~~~~~

les subsannations d'hommes, les uns, froissés par cette marche progressive et irrésistible, les autres, intéressés à détourner l'attention de ce grand mouvement et de ses conséquences, ou trop au-dessous de la contemplation d'un pareil spectacle, auquel ne convient pas plus la frivolité que la distraction; depuis ce temps ces paroles ont reçu chaque jour, et comme d'heure en heure, la plus éclatante confirmation par une série toujours croissante d'événemens qui renouvellent rapidemeut la face du monde, et qui, dans leur progrès continu, placent désormais toute opposition entre l'inutilité ou le ridicule. Aujourd'hui, il ne s'agit plus de rire, mais de s'arranger dans un ordre qui s'établit en dépit des rieurs qui ne riront pas toujours;

»par la nouvelle organisation des sociétés, et par la »communication des peuples entre eux; il n'y a plus »de secret possible, plus d'actions isolées; agir sur »l'un, c'est agir sur tous; en un mot le monde n'est »plus qu'une école d'enseignement mutuel, dont les »gouvernans peuvent bien encore être les moniteurs, »mais dont ils ne sont plus les maîtres.» (*Congrès de Carlsbad*, 1re part., p. 20.)

car, du premier janvier 1820, au 1er. septembre de la même année, il a été fait plus de chemin qu'on n'en avait fait dans les huit cents dernières années, comme je le montrerai tout-à-l'heure. A quoi sert de s'irriter de ce qui est, à quoi bon s'aveugler : comme si nier l'existence pouvait anéantir, comme si détourner la tête d'un spectacle contrariant suffisait pour faire évanouir à la fois le théâtre et les acteurs, la scène et les ressorts qui la font mouvoir. La colère ou la distraction, dans ce cas, ne ressemblent-elles pas également à des jeux d'enfans? Or, tel est aujourd'hui l'état *du monde*, et loin de chercher ce mot, c'est lui qui vient me trouver; je ne puis pas plus me soustraire à son emploi qu'à sa rencontre, car c'est le monde lui-même qui, dans ce grand ébranlement, se présente à chaque instant, et tout entier occupé d'une seule et même affaire, et ressentant dans son ensemble chacun des mouvemens dont chacune de ses parties est affectée. Ce qui était vrai dès 1789, n'a pas cessé de l'être depuis ce temps, il l'est encore aujourd'hui, et même beaucoup davantage, *c'est qu'il n'y a plus qu'une seule affaire au monde, celle de la révolution ;* c'est ainsi qu'avec le christianisme et la réformation, naquit pour le monde une occupation qui, par l'un, embrassa plusieurs siècles, et par l'autre, plusieurs lustres ; dans notre âge, il n'y a plus de mouvement et d'acte partiel, il n'y a plus d'intérêt isolé, tout se rapporte à l'ensemble du grand mouvement qui s'opère, la tendance est uniforme, le but est commun, tous sont solidaires pour tous, et tandis que des apparences trompeuses présentent la famille humaine comme n'ayant jamais été plus divisée, les réalités créées par l'état du monde, montrent qu'au contraire elle ne fut jamais plus rapprochée.

C'est le propre de ces grands mouvemens qui affectent le corps même des sociétés : l'humanité date d'eux pour un long temps, ils forment des époques, qui sont comme les signes auxquels l'espèce humaine reconnaît ses divers âges et ses divers modes d'existence.

Nous nous trouvons évidemment au centre d'un de ces puissans événemens qui embrassant une vaste étendue de temps, d'espace, d'intérêts, impriment une direction nouvelle à

une portion considérable de l'humanité, c'est
une des plus grandes époques de l'histoire
du monde. Voyez et lisez : assignez rien qui
soit comparable au mouvement actuel qui
embrasse à la fois l'Europe, et cette Amérique, qui jusqu'ici avait à peine existé pour
le reste du monde, et qui elle seule le vaut
tout entier ; dans lequel se trouve compris
l'ordre religieux, politique, colonial, et commercial de l'univers : mettez ce changement
à côté de ceux que firent les empires d'A-
lexandre et de Rome ; nous ne sommes pour
ainsi dire, encore qu'au début de ce renouvellement ; mesurez, si vous pouvez, l'espace
que déjà il embrasse.

Dans les lieux mêmes qu'il remplit, et
qu'il couvre de ses effets, il n'est encore qu'é-
bauché : l'état définitif ne sera atteint que
lorsque tous se trouvant dans un état semblable, et par-là même coordonnés entr'eux,
s'arrêteront à la fois et se fixeront, comme
font des eaux qui ont trouvé leur niveau.
Cette similitude proviendra de l'imitation et
des frottemens auxquels donneront lieu les
comparaisons qui s'établissent entre les divers états ; ainsi, procédèrent dans leur éta-

blissement, le christianisme et la réformation; le mode commun d'existence comme
sa stabilité suivit de loin l'origine, et seulement lorsque la conquête dut s'arrêter;
l'Europe est dans le même état; il n'existe
encore qu'*une Europe provisoire* : *l'Europe définitive* appartiendra à d'autres
temps. Bien débonnaire, en vérité, qui croit
rester comme il est !

Nous changeons, nous avons déjà beaucoup
changé; nous changerons encore; j'en suis fâ-
ché pour les voyageurs paresseux ou timides. je
ne veux affliger ni rebuter personne; mais enfin,
ils ne sont pas seuls en route, nous sommes
tous également en marche, poursuivant en
commun un voyage semblable à ceux qui ont
lieu dans les pays de montagnes élevées, où
derrière une hauteur escarpée se montre une
seconde qui la domine, et qui surpassée à
son tour par beaucoup d'autres, ne promet
le lieu de repos et l'ensemble de la perspective qu'à une dernière sommité qu'avec
peine l'œil découvre à travers d'épais nuages.

Européens, hommes de tous les pays, c'est
pour vous tous également que j'écris; nous
sommes tous passagers sur le même vais-

seau! le monde est devenu notre patrie à tous tant que nous sommes, et la communauté des intérêts nous rend tous également cosmopolites; il n'y a plus d'intérêt partiel, ni isolé, un même lien nous réunit tous dans un centre commun. Depuis plus de vingt ans, je vous entretiens de ces intérêts. Je vous ai découvert ce que ma faible vue a pu entrevoir de votre avenir, maintenant le voilà tout entier devant vous, il n'est pas plus nécessaire de le rechercher que possible de l'éviter; les choses en sont venues à ce point extrême qui éclaircit tout, et qui en bannissant jusqu'à la possibilité du doute, laisse la clarté en compensation de la douleur que peut faire éprouver l'extinction d'intérêts, frappés désormais d'une mort inévitable.

Ce que j'avance ici peut paraître hardi, je le sens; aussi n'est-ce pas sans preuves que je le dis. Elles sortent :

1°. De la nature de l'esprit humain.

2°. De la civilisation croissante.

3°. Des changemens provenus depuis trois cents ans dans les sociétés, par les découvertes simultanées de l'imprimerie, de la poudre, de l'Amérique et de l'Inde; et, de plus, par

la réformation religieuse du seizième siècle.
Voilà ce qui a préparé le grand changement
qui s'opère aujourd'hui. Il a fallu du temps
pour que les germes, semés à cette époque,
se développassent; ainsi, les semences confiées
à la terre, dorment dans son sein avant de
couvrir sa surface de leurs produits et de
leur ombrage. Dans des écrits antérieurs, j'ai
eu lieu de traiter de ces trois articles. Je n'y
reviendrai pas : je passe à un quatrième, dont
je n'ai point encore parlé.

4°. L'assemblée constituante.

C'est elle qui, semblable à ces réservoirs,
dans lesquels une main sagement fécondante
recueille les eaux qui s'égaraient dans un
cours indéterminé, a rassemblé tout ce que,
dans ses immenses travaux, l'esprit humain
avait créé de richesses, opulent mobilier, et
qui a réuni cet ouvrage des siècles dans un
seul foyer, devenu par elle un miroir éclatant
qui a rempli le monde de lumières vers lesquelles tous les yeux se sont tournés à la fois,
et sont restés fixés. C'est de cette assemblée
que date la régénération systématique, cal-
culée et patente du monde; opérée non plus
à la manière des autres révolutions, par le

glaive, où la fascination des esprits, par la force ou la fraude, par la violence ou la supercherie; mais par le seul empire de la raison, par la recommandation faite aux hommes de se rappeler de la dignité de leur être, de la grandeur des sociétés humaines, de leur destination sublime, et de la nécessité de les ordonner d'une manière correspondante à la noblesse de leurs attributs. Ah! que le titre de *constituante*, que les uns lui contestent, et que d'autres essaient de traduire en sujet de risée, que ce titre, dis-je, lui appartient à bon droit; car ce n'est pas la France seule qu'elle a constituée, mais le monde entier. Elle est devenue, elle sera réputée la nouvelle *Eve* du nouveau genre humain *social* qui s'élève sur la scène du monde, et qui s'apprête à le remplir : c'est d'elle que dateront ses nouvelles destinées; elle a fourni le modèle sur lequel tout se forme et se règle; sa main a planté l'arbre de la vie nouvelle, aux branches duquel ne pendront plus des fruits défendus; car tout le monde, à son tour, y portera la sienne. Elle revit dans tout ce qui se fait aujourd'hui. A quel titre d'aveugles ennemis lui imputent-ils les crimes, les excès, et les

guerres qui l'ont accompagnée et suivie? Dans
tout cela, qu'y a-t-il qui soit son ouvrage?
Elle n'accepte pas plus les crimes des uns,
que les aberrations des autres : si ces funestes
et cruelles excressences n'ont pu étouffer les
germes qu'elle avait semés, elles ont, du
moins, eu le pouvoir d'en retarder le développement. Qu'avait besoin pour assurer son
triomphe, de conquêtes matérielles, avec les
violences et les malheurs qui les donnent et
qui les suivent, cette assemblée qui marchait
à la conquête morale du monde, conquête
pacifique, acceptée, que dis-je, désirée par
tout ce qui porte un cœur humain, par tout
ce qu'éclaire la raison, conquête bien autrement étendue que ne peuvent l'être celles que
donnent les armes et leurs dévastations. Quand
l'humanité elle-même, parlant comme par la
bouche de cette assemblée, liait le peuple
français à l'abnégation éternelle de toute conquête, à la renonciation de l'emploi des armes
pour tout autre usage que celui de sa défense
sur son territoire propre, et protestait ainsi,
comme à l'avance, contre les guerres et les
conquêtes dont on l'a souillé et surchargé;
sans doute cette assemblée était avertie, par

un sentiment intime, qu'elle portait en elle-même le germe de la conquête la plus honorable, comme la plus étendue qui eût jamais eu lieu parmi les hommes. Elle savait que si les plus grands conquérans ont bien de la peine à parcourir quelques contrées et à les assujétir pour un temps, une idée, un principe, conquérant du monde intellectuel et moral, peuvent parcourir l'univers, et s'y établir une domination universelle.

C'est donc de l'assemblée constituante que date le temps actuel : par un retour merveilleux, après de longues aberrations, nous sommes revenus à 1789, c'est-à-dire, à l'époque où la réformation sociale s'ouvrait par la proclamation des principes que cette assemblée faisait entendre au monde surpris et charmé; il s'agit aujourd'hui de ce dont il s'agissait alors, de principes sociaux : seulement la scène s'est agrandie; alors elle n'était qu'à Paris, maintenant elle remplit le monde.

Il est donc dans la nature des choses, de dater le temps actuel de 1789. Le point de départ est là. L'action préparée depuis long-temps a commencé à cette époque; tous les matériaux épars depuis trois cents ans, se sont trouvés

réunis dans ce centre commun, alors le mouvement s'est déclaré, et dure encore.... 1789
est l'année normale de cette ère nouvelle. Il
faut donc fixer une époque principale, celle
de 1789 à 1814 : et deux subdivisions, dont la
première comprendra l'espace écoulé du 31
mars 1814, à novembre 1818, et la seconde,
celui qui est compris entre novembre 1818,
et novembre 1820 ; tout ce qui a été fait depuis 1791, fin de l'assemblée constituante,
n'existe plus.... il a passé.... convention, directoire, consulat, empire, rien ne reste.
Presque tout ce qui a été fait dans les temps
subséquens à l'assemblée constituante, était
contraire à son esprit et à la lettre de son
ouvrage. Le lendemain de son arrivée, l'assemblée législative se mit à le démolir : O
constituante, qu'avais-tu fait de ton génie et
de tes longues vues, lorsque tu remettais le
fruit naissant de tes travaux aux *Catilina*,
que tu voyais depuis long-temps conspirer
contre lui? C'est de ce jour affreux, où l'on
vit la presque totalité du côté droit s'unir dans
les élans, d'une joie aussi aveugle que funeste,
avec les *Robespierre*, les *Péthion*, les *Bu-
zot*, ces fabricateurs de république, au-de-

dans de l'assemblée, et par-là même avec leurs complices du dehors , les habitans de ce *pandemonium,* qu'on appelait la *commune de Paris,* les *Danton,* les *Camille-Desmoulins* et celui qui les surpassait tous, *Marat,* l'*exécrable Marat;* c'est de ce jour où, pour satisfaire leur haine contre les *Lameth ,* les *Lafayette,* les *Luynes,* les *Menou,* les *Barnave,* les *Thouret,* les marquis *de Montesquiou,* les *Bauharnais,* et les autres membres du côté gauche qu'ils croyaient appelés à une réélection certaine et prochaine, presque tous les membres du côté droit, pour la faire rejeter, s'unirent avec ceux qui, dans le côté gauche, se signalaient par leurs fureurs, avec des hommes étonnés de leurs nouveaux auxiliaires, que date la destruction de l'œuvre de l'assemblée constituante, tant l'esprit de parti est aveugle, et tant il est possible que, dans les affaires, l'aveuglement équivaille quelquefois au crime lui - même. Ils triomphaient au fond de leurs cœurs ; ils insultaient à des adversaires déjoués ; les plus modérés d'entre eux se contentaient d'en aller faire leur cour aux princes infortunés et abusés dont ils venaient de signer l'arrêt, bien contre leur intention, on n'en saurait douter ; et soupçonner le contraire serait un crime ; les autres s'empressaient de transmettre leurs joies au-delà du Rhin ; tous également avaient aidé à décréter la ruine de la monarchie, et l'érection d'une république, vaste abîme qui attendait trois millions de cadavres pour être comblé. Ils signaient sans s'en douter leur arrêt de mort, de dépouillement et d'exil pour les moins malheureux. J'ai cherché dans l'histoire le pendant d'une résolution aussi funeste, et je ne l'ai pas encore rencontré (1).

------

(1) J'ai fait connaître, dans un ouvrage antérieur, une anecdote fort singulière relative au fatal décret de la non réélection des membres de l'Assemblée constituante pour l'assemblée qui se préparait. Je crois utile de la rappeler ici.

La cour avait le malheur de partager les sentimens du côté droit à l'égard d'un grand nombre de membres du côté gauche. Elle désirait avec ardeur qu'ils sortissent des fonctions qui leur avaient valu une si grande influence. Elle croyait y trouver son compte, soit comme libération de leur joug, soit comme satisfaction de ses ressentimens personnels.

Quelques hommes qui étaient en possession d'exploiter à la fois les frayeurs et les vœux de la cour,

Depuis l'assemblée législative, tout a été fait dans un ordre contraire à celui de l'assemblée constituante : ici je n'attaque ni les hommes ni les choses; que les uns et les autres restent ce qu'ils sont devenus : je ne touche à aucun droit acquis; je félicite les heureux, je plains les malheureux; seulement j'indique les faits, et note les choses...... 1814 amena un autre ordre au-dedans et au-dehors : l'Europe et la France furent à la fois rendues à elles-mêmes; et purent profiter de

---

lui demandèrent une grande somme pour s'assurer des suffrages... Un grand seigneur étranger, qui avait beaucoup de crédit sur l'esprit de la malheureuse reine, la détourna de se soumettre à cette contribution, en lui conseillant de s'en remettre aux seules passions du côté droit, qui n'avait pas besoin d'être payé pour seconder ses intentions... En effet, vingt-quatre heures après, le côté droit se leva presque tout entier contre la réélection, et, au grand scandale de la raison et de la morale, il se trouva voter avec Robespierre, et tout ce que le côté gauche comptait d'ennemis les plus déclarés de la monarchie et du monarque.... Et puis, demandez comment périssent les empires, et comment les révolutions deviennent hideuses !

leur affranchissement pour se reconstituer.
J'ai dit dans le *congrès de Vienne,* comment
l'Europe politique l'avait été : ce temps fut,
pour la France, un temps d'essais.... Le
20 mars vint y mettre un terme, soulever de
nouveau l'Europe, et pousser son débor-
dement armé sur la France. Du 20 novembre
1815, au congrès d'Aix-la-Chapelle, octobre
1818, l'Europe fut tout entière en garde
contre la France, et celle-ci en *interdit politique.* Le congrès d'Aix-la-Chapelle la rétablit
dans sa liberté, et la fit rentrer dans le corps
de l'association européenne, dont elle avait
été momentanément distraite ; là les gouvernemens reprirent leur cours ordinaire, la
paix fut partout, et chacun redevint et resta
indépendant chez lui. Tel fut le *statu quo* résultant de ces deux congrès.

Ces notions préliminaires m'ont paru in-
dispensables pour bien fixer l'état de la question, et l'objet que j'ai en vue. J'ai pu croire
que mes premiers travaux étaient un titre
pour de nouveaux ; et qu'après avoir établi
l'état de 1814 à 1818, une espèce de droit
de suite m'autorisait à dire ce qui s'était fait
de 1818 à 1820. C'est un complément donné

à une idée première, propre à la confirmer celui qui a commencé et ouvert une voie, est presque toujours le plus propre à la conduire jusqu'au terme; c'est ainsi que tout s'enchaîne, et qu'un premier travail devient comme un degré et un engagement pour un second.

Mais ici je ne me crois tenu que d'une seule chose : d'indiquer l'esprit du temps que je viens de déterminer, c'est-à-dire, sa marche et son résultat ; je me borne à parcourir des sommités ; j'y pose des signaux de reconnaissance : je laisse à faire le reste à ceux qui auront le loisir que m'enlève ce temps qui, dans ses exigences, veut que la plume de son peintre suive la rapidité même des ailes avec lesquelles il fuit si vite. Ils rempliront les lacunes que les circonstances me forcent d'admettre. Ici, je ne me propose que d'offrir à des lecteurs jaloux de s'instruire, la liaison des faits antérieurs avec ceux qui viennent d'avoir lieu, comme avec ceux encore qui se préparent et qui découleront des premiers. Les résumés sont à peu près le produit net de la lecture de l'histoire, comme de tout autre écrit; dans celui-ci, je n'ambitionne rien audelà, c'est la substance que renferment les alimens, et non pas leur volume, qui soutient le corps et qui tourne à son profit. Il en est de même des écrits, ce qu'ils contiennent de substantiel, et non ce qu'ils pèsent, profite seul à l'esprit.

Pour être clair, premier devoir de l'écrivain, comme premier besoin du lecteur, je diviserai et classerai les divers sujets, en réunissant dans le même cadre ce qui convient au même sujet, car je n'écris pas l'histoire de 1818 à 1820, mais sur l'esprit de ce temps. Je daterai aussi d'une session à l'autre des Chambres législatives françaises; ce sont des années politiques, par lesquelles nous comptons actuellement, comme les Grecs faisaient par olympiades. Les bases de ces nouveaux calculs se rapportent a des affaires plus sérieuses que les vains jeux d'un peuple; chez nous on ne s'assemble pas pour des courses de char, pour des luttes d'athlètes, mais pour celle des talens et des vertus civiques destinées à exercer une grande influence sur le sort d'un grand peuple. Cette nouvelle méthode d'évaluer le temps est d'autant plus fondée en raison, que bientôt dans toute l'Europe, la même époque ramènera le même genre d'occupations. Jadis l'Angleterre seule offrait le retour périodique d'assemblées législatives. Aujourd'hui c'est en France, dans le Nord, dans l'Allemagne, dans tout le Midi de l'Europe qu'elles ont lieu; de leur côté, ces renouvellemens d'assemblées politiques renouvellent en quelque sorte la vie civile, et lui donnent une activité et quelquefois une face nouvelle. Londres et Paris ne semblent pas être les mêmes villes pendant la tenue ou la suspension de leurs assemblées législatives, il y a mille fois plus de vie dans ces deux cités dans un temps que dans l'autre; tenues dans la saison où tout repose dans la nature, elles semblent faites pour distraire du spectacle de sa mort apparente et pour conduire au moment de son réveil.

Cet écrit commencera donc à l'époque de la session de 1818, fin de novembre de la même année, et s'arrêtera à l'ouverture de celle de 1820, fin de novembre de l'année qui s'achève.

CHAPITRE II.

Trois caractères principaux du temps.

1° PACIFIQUE.

2° Eminemment constitutionnel.

3° Observateur surveillant du mouvement actuel, et perdu en vains efforts contre lui. ceci va s'expliquer :

1° *Esprit pacifique de l'Europe.*

La paix ne résulte pas seulement de l'absence positive et momentanée des sujets de contestation : on peut appeler paix matérielle, cette espèce de paix : alors il n'y a pas guerre à défaut de sujets de guerre, mais il n'y a pas non plus cette espèce de paix qu'on peut appeler *morale*, celle qui résulte des dispositions de l'esprit propres à écarter tous les sujets qui pourraient la troubler. C'est ainsi que vécurent entre elles pendant quarante ans l'Autriche et la Prusse, dans un état d'observation hostile, chacune cherchant le défaut de la cuirasse de son adversaire, occupée sans cesse à l'y frapper... Un *qui vive* semblable bannit l'état de la paix véritable; aussi est-il vrai de dire, que pendant ce temps, ces deux puissances ne furent jamais en paix. Mais c'est toute autre chose depuis 1814, le véritable esprit de paix a prévalu depuis cette époque; il faut le reconnaître, et en faire hommage à qui de droit; princes et ministres ont eu également la gloire d'y concourir. C'est au moment où le plus grand appareil de guerre qui ait jamais été, venait d'être déployé, c'est au moment où les armes avaient obtenu le plus éclatant résultat, qu'on a renoncé à en faire usage : des souverains jeunes, triomphans, marchant à la tête d'armées nombreuses, justement enorgueillies du retour à la victoire, ont voulu élever sur leurs trophées un drapeau de paix générale, comme le plus riche ornement qui pût couronner le monument de leur gloire, comme le symbole de leurs pensées les plus intimes, comme l'annonce, que sous leurs auspices, l'humanité

pourrait enfin respirer. Cet exemple est vrai-
semblablement unique dans l'histoire, et par-
là même plus honorable pour ceux qui l'ont
donné. Je ne l'ai pas trouvé dans les *anciens
jours*, et peut-être que cette philosophie
tant décriée n'y est pas tout-à-fait étrangère.

L'esprit pacifique des gouvernemens de
l'Europe depuis 1814, est donc bien cons-
taté (1).

Les déclarations émanées des grands cabinets, les annonces faites par le roi d'Angleterre à l'ouverture des deux parlemens
qui ont eu lieu depuis le congrès d'Aix-la-

---

(1) Un concours inoui de circonstances, que l'on
peut appeler impérieuses, impose donc au monde
la loi salutaire d'une paix solide et durable. Princes
et peuples, hommes et choses, tout y contribue,
tout y tend, tout y convie, tout la garantit : il n'est
au pouvoir de personne de la troubler, et les affaires
qui se présentent dans le lointain ne sont pas de
nature à borner la jouissance de ce bien si ardem-
ment désiré, comme si précieux à conserver.

Voilà ce qu'en 1818, j'écrivais dans *l'Europe
après le congrès d'Aix-la-Chapelle.* La conjecture
à été pleinement vérifiée, et le sera davantage de
jour en jour.

Chapelle, confirmées par les déclarations réitérées des ministres anglais, les assurances correspondantes données par le roi de France à l'ouverture des deux sessions législatives, et dans les derniers temps la lettre du prince de Metternich au comte de Berstett, ministre de Bade, ne laissent aucun doute sur l'esprit pacifique qui règne en Europe, et qui lui montre la perspective consolante et certaine d'un long période de paix. C'est ainsi que l'Europe peut se flatter de voir sa tranquillité égaler en durée la longueur des agitations qu'elle a subies. Ce n'est pas que la paix se trouve dans l'établissement politique de l'Europe : j'ai donné le tableau de ses vices dans le congrès de Vienne, et j'ai montré que jamais elle ne fut plus mal constituée, que jamais il n'exista plus de sujets légitimes, d'ombrages entre les puissances. Dans d'autres temps, les contractans de Vienne seraient déjà descendus sur les champs de bataille ; témoin, ce qui s'est passé pour la Bavière, qu'on n'a pas encore pu satisfaire pour les rétrocessions qu'elle a faites à l'Autriche du Tyrol, de Saltzbourg, et d' l'Innwiertel. Le lendemain du traité de Westphalie, et de la paix des Pyrénées, suivi du plus pompeux hyménée, on courut aux armes. Mais un meilleur esprit a prévalu ; gloire triste, vulgaire, et qui laisse après elle trop d'embarras pour être à l'usage d'un temps dans lequel la raison et la pensée ont acquis beaucoup d'empire, la guerre a perdu les prestiges décevans qui lui avaient valu un empire universel ; on s'est lassé de la répétition de scènes violentes, et toujours semblables dans leurs moyens comme dans leurs résultats, et dans leurs fléaux, qui couvrent un pays de deuil, pour charger quelques têtes de lauriers, et qui lèguent la ruine aux générations qui suivent celles auxquelles le glaive vient de donner la mort. Car voilà à peu près quel a été jusqu'ici le produit net de toutes ces guerres de l'Europe tant célébrées ; *se tuer pendant quelques années, pour rester ruiné pendant les siècles*, en se trouvant à la fin *au point d'où l'on était parti* ; c'était bien la peine de commencer, et de se mettre en frais.

D'humains et habiles écrivains ont recherché les moyens de mettre un terme à cette manie guerroyante, qu'une déplorable erreur de jugement a fait trop long-temps considérer comme la plus noble occupation de l'humanité. S'ils ont eu la douleur de voir leurs efforts manquer le but qu'ils s'étaient proposé, il ne faut point s'en prendre à eux; le talent ne leur a pas plus manqué que la volonté, mais le temps a manqué à leur volonté. A cette époque ils ne pouvaient être écoutés, parce qu'à cette époque ils n'étaient pas encore entendus, le temps n'était pas encore venu; ces écrivains ressemblaient aux législateurs qui multipliant les décrets contre les duels, n'en voyaient pas moins croître cette fureur insensée; à cet égard les mœurs, en changeant, ont produit ce que la sévérité des lois n'avait pu faire. Il en sera de même pour la guerre; elle périra par la civilisation. Celle-ci formée de la culture de l'esprit et des arts, accrue par le commerce et l'industrie, par les dettes mêmes des états, nouveau et très-puissant mobile introduit dans les sociétés modernes, éloigne du goût et des idées de la guerre des hommes plus polis, comme plus intéressés au maintien d'un état pacifique qui est le gage de leur fortune privée; la guerre et le commerce sont deux ennemis irréconciliables, deux incompatibilités, et par conséquent plus l'Europe devient commerçante, plus elle s'éloigne des goûts militaires, les comptoirs et les casernes ne vont point ensemble, et l'Europe tend tous les jours à devenir le comptoir et le magasin du monde.

Les fortunes publiques et la guerre sont encore deux incompatibilités, voyez ce qu'en tout pays deviennent les effets publics, toutes les fois que le moindre nuage obscurcit l'horizon politique. Mais aujourd'hui une partie des fortunes particulières des habitans de l'Europe entière, est plus ou moins engagée dans les fonds publics des divers Etats; ce sont autant d'opposans à l'esprit militaire... Il y a même plus, c'est que la guerre est devenu *financièrement à peu près impossible* : la finance a brisé l'épée, celle-ci coûte trop cher hors du fourreau, elle n'en pourra plus guère sortir, que pour des causes évidentes de haut intérêt social... Les suites des guerres qui laissent les Etats obérés pour un long temps, sont trop graves pour ces Etats et pour les gouvernemens, elles touchent de si près même à leur stabilité, qu'elles ne peuvent manquer d'amortir l'humeur guerrière, même parmi ceux qui en seraient le plus fortement atteints; partout les armes sont au repos par le nouvel ordre des sociétés. Mais, ce qui plus que tout le reste renfermera la guerre dans de justes limites, celles qu'elle aurait toujours dû avoir, ce sont l'esprit et l'ordre constitutionnel.

Le premier dépouille la guerre de ces prestiges, qui tant de fois ont fait prendre les armes à des hommes pour lesquels les combats étaient le *beau idéal* de la vie humaine; l'histoire et les mœurs avaient tourné les esprits de ce côté, en ne leur montrant rien de plus grand ni de plus noble parmi les occupations humaines.

D'autres règles d'optique se sont formées; l'honneur a continué de rester aux guerriers, mais il est passé, ainsi que le goût de la guerre, à d'autres objets plus dignes d'être l'emploi des facultés humaines; parmi toutes les causes de ces sanglantes contestations qui ont donné lieu à des guerres si vives, si longues et si dispendieuses, dont on paie les frais, même après en avoir perdu la mémoire; combien aujourd'hui paraîtraient mériter que les mêmes sacrifices fussent renouvelés dans un but aussi frivole! L'esprit constitutionnel a donné aux choses une autre valeur, il a révélé aux hommes d'autres méthodes d'évaluation pour les objets, plus sûres que celles qu'ils connaissaient autrefois. Cet esprit anti-guerroyant, s'étendra ainsi, et suivra la progression de l'ordre constitutionnel, qui, par-là, sera le garant véritable de la paix entre les sociétés humaines, et le médiateur toujours subsistant pour prévenir ou pour arrêter l'effet de leurs querelles. Pour s'en convaincre, il n'y a qu'à voir ce qu'ont été presque toutes les guerres; intérêts de famille, d'hommes, de courtisans et de courtisanes; intrigues de ministres pour se supplanter ou se soutenir; vaine gloire, appas intéressé de la part des uns, fraude de celle des autres; bien rarement véritable intérêt public, et finalement, toujours ruine pour les peuples, presque toujours étrangers à tout cela : les finances, en sortant de la main des princes qui en disposaient, suffiront seules pour bannir désormais la guerre; car lorsqu'il faudra demander l'argent destiné à la payer, quand il faudra dire le pourquoi de ces guerres si dispendieuses, on y regardera de plus près qu'on ne se sentait obligé de le faire, quand à l'aide de beaux prétextes de bien pu-

blic, il ne s'agissait que de puiser dans le trésor public, de le remplir à force d'impôts et
d'engagemens auxquels on se réservait de
manquer après le moment du besoin qui y
avait fait recourir. De nos jours, on ne peut
plus faire la guerre *qu'à crédit* : celui-ci ne
s'obtient que par la confiance, résultat du
bon ordre des affaires : à leur tour, cette confiance et ce bon ordre ne sont fondés solide-
ment que sur l'ordre constitutionnel ; ce dernier est donc en définitive le maître de la paix
et de la guerre, puisqu'il est le régulateur de
la confiance sans laquelle il n'y a point de
finances telles que l'exige la guerre, c'est-à-
dire de crédit. Les dettes des guerres anté-
rieures serviront même à empêcher des
guerres ultérieures, et sous ce rapport, un
grand bien pourra du moins résulter d'un
très-grand mal.

Il y a eu trois degrés dans les moyens de
faire la guerre.

Le premier, était l'ancien service militaire,
fait *en nature*. C'est celui des trois qui rendait la guerre plus facile.

Le second consistait dans l'impôt et l'em-
prunt, quand ces moyens étaient dans la main

du prince. Dans ce cas, la guerre était moins
facile que dans le premier.

Le troisième consiste dans l'impôt et l'em-
prunt soumis au régime constitutionnel. Celui-ci rend la guerre plus difficile que les deux
premières voies. Ainsi la guerre et l'ordre
constitutionnel vont en progression inverse :
l'une s'abaisse à mesure que l'autre s'élève; et
le remède tant cherché contre la guerre se
trouve tout naturellement dans cet ordre
constitutionnel, que tant d'hommes ennemis,
l'on pourrait dire de leur propre vie et de
celle de leurs semblables, s'attachent à représenter comme l'innovation la plus fatale
aux sociétés : que l'on voie et que l'on juge.
Combien de générations, de larmes et de trésors n'eût pas préservé ou épargné cet ennemi
signalé au genre humain.

S'il y avait eu plus de constitutions en Europe, au temps dans lequel écrivait le bon
abbé de Saint-Pierre, il n'aurait point fait tant
de frais pour construire ses conseils pacifica-
teurs, parmi les membres desquels, d'après
l'esprit du temps, il ne se trouvait peut-être
pas un seul homme qui ne regardât la guerre
comme la plus belle chose du monde.

Aujourd'hui elle est vue d'un tout autre œil. Le flambeau de la philosophie l'a couvert de ses clartés, comme tant d'autres déceptions fatales au genre humain, et l'universalité de cette appréciation, jointe aux dispositions personnelles des souverains principaux, comme à celles de leurs minis:res, promet à l'Europe qu'une longue suite de jours pacifiques sera ajoutée à la tranquillité de ceux qu'elle a déjà obtenus par les congrès de Vienne et d'Aix-la-Chapelle.

Je sens que l'on va m'opposer les vingt-deux ans de guerre de la révolution, et la dette anglaise provenant en grande partie des guerres auxquelles, malgré sa constitution, l'Angleterre n'a pas cessé de prendre part.

Je réponds à la première allégation, que ces guerres de la révolution ne sont point provenues de l'ordre constitutionnel : loin de là, elles l'ont détruit, elles ont commencé par l'anéantir, il a revécu, lorsqu'elles ont fini. Les guerres de la révolution ont de toutes autres causes : la première, est l'appel fait par la haute émigration, sortie la première de France, en 1789, à tous les potentats de l'Europe, de fondre sur la France à main armée,

et de traiter ses habitans en rebelles, à la
charge et condition de les lui donner ensuite
à gouverner. Une fois l'épée tirée, et le besoin
de se défendre admis pour excuse, tout ce
qu'on a vu eut lieu ; on devait s'y attendre :
quand l'épée est tirée, disait Atticus à Cicéron,
qui toujours orateur, perdait le temps à peser
la justice des droits respectifs de Pompée et
de César, qu'est-il question de droits et de
justice ? il ne faut plus penser qu'à prévaloir.

Les choses, en France, en étant venues
au point que la nation fût une armée, et le
pays un camp, le militaire absorba tout : la
France ne fut plus que la France de l'armée ; l'Europe aussi fut à la veille de devenir
l'Europe de l'armée ; c'est ce qui explique ce
qu'il a dû en coûter à cette armée, pour rede-
venir tout simplement l'armée de la France.

L'empire militaire de Napoléon a été le résultat naturel et nécessaire de cette invasion
du militaire : si ce n'eût pas été lui, c'eût été
un autre : on avait voulu que ce fût le général Joubert, si au lieu de périr à la bataille de
Novi, il y eût triomphé de Suwarow, en l'absence de Buonaparte, c'est pour lui qu'eût
été fait un 18 de brumaire ou de tout autre

mois. Je réponds à la seconde allégation, que si la constitution n'a pas épargné à l'Angleterre le fardeau d'une dette dont le monde n'a pas encore eu d'exemple, c'est 1° parce que cette constitution donne au roi un pouvoir trop étendu, dans la partie si importante des relations extérieures, comme dans celle du droit de paix et de guerre.

2° C'est que la politique anglaise, depuis le roi Guillaume qui était un prince continental, a toujours été tournée vers les connexions continentales, au grand déplaisir des wighs, c'est-à-dire du parti constitutionnel, qui n'ont pas cessé d'annoncer que cette tendance vers les affaires du continent, aboutirait à la ruine de l'Angleterre par l'augmentation de sa dette, prédiction qui chaque jour tend à se réaliser.

3° C'est que l'Angleterre étant le seul état constitutionnel en Europe, tous les autres Etats dépourvus du même régulateur étaient continuellement en guerre, et forçaient l'Angleterre soit pour sa propre sûreté, soit pour sa considération politique, de prendre part aux guerres allumées par défaut d'ordre constitutionnel; mais il en sera tout autrement quand cet ordre sera plus généralisé, et à mesure qu'il le sera davantage, ce qui est l'hypothèse dans laquelle je raisonne.

2° *Esprit éminemment constitutionnel de 1818 à 1820.*

Ici les faits parlent et mettent en lumière les progrès qu'ont fait dans cet espace de temps l'esprit et l'ordre constitutionnels. Le premier produit le second, et celui-ci à son tour devient le véhicule de celui-là.

Dans cet espace de temps, l'Allemagne a vu s'élever dans son sein les constitutions de Bade, de Wurtemberg, celle de Bavière s'affermir et s'épurer ; Hesse-Darmstadt après avoir reçu en mars 1820, un ordre constitutionnel fort éloigné des vrais principes de la matière, vient d'y rentrer, et va faire lui-même sa constitution, ce qui est le point capital. Le royaume de Hanovre, et le pays de Brunswik, ont aussi adopté un mode de représentation, et dans ce moment le royaume de Saxe devenu accessible à l'ordre constitutionnel, s'occupe à son tour de réformer sa représentation, et de la retirer à l'ancien mode

qui est purement féodal, pour la faire parti-
ciper à l'ordre qui prévaut généralement sous
les auspices de la raison et d'un meilleur
calcul : ce n'est encore qu'un pas, mais qui
en annonce et qui en amènera d'autres, et
dans ce point, comme pour beaucoup d'autres articles, le premier pas est celui qui
coûte le plus, et que par conséquent il faut
compter avant tout, car il décide du reste.

Carlsbad, la diète de Francfort, et le dernier congrès de Vienne eux-mêmes, ne font
pas exception à ce mouvement général : car
1° ils ont reconnu les constitutions déjà établies en Allemagne; 2° ils ont sanctionné
l'établissement *d'états sur les modèles his-
toriques.* A la vérité, c'est une faible image
de l'ordre constitutionnel; mais enfin c'est
un retrait fait à l'ordre *arbitraire,* c'est un
rapprochement de l'ordre législatif, et qui,
malgré ses imperfections, vaut encore mieux
que son absence complète, telle qu'elle existait auparavant. Dans tout ceci, l'essentiel
est d'en finir avec l'*absolu* et l'*arbitraire,*
et d'en venir à assembler les hommes pour
traiter de leurs affaires propres : sous quelques formes qu'ils le fassent, vous les verrez

tendre à la rectification, et quand les modèles abonderont autour d'eux, vous verrez
encore s'ils tardent à désirer de s'en faire
l'application, et de réaliser ce vœu.

Dans le cours de ces deux dernières années, l'Allemagne a donc été pénétrée d'esprit constitutionnel, et remplie d'établissemens qui en sont la suite.

L'Angleterre a passé ce temps dans un
combat entre une réformation violente et le
maintien de la forme actuelle de sa constitution. Là encore, c'est l'ordre constitutionnel
qui est remis en question; c'est l'esprit constitutionnel qui agit; c'est lui qui, sous une
autre forme, perce d'une manière si vive dans
la cause de la reine.

La Pologne elle-même n'est point restée
étrangère au mouvement général. Il a été
beau de voir le successeur de cette fameuse
impératrice qui, d'une main ambitieuse et
inique, avait déchiré à la fois les chartes et
le territoire de la Pologne, la surpassant en
générosité encore plus qu'en puissance, venir
essuyer autant qu'il est en lui les larmes d'un
peuple incertain de son sort depuis cinquante
ans, et lui donner une constitution propre à

le fixer, sinon de la manière la meilleure, au moins de celle que les circonstances admettaient, et qui se rapprochait le plus de l'esprit du temps. C'est un domaine de plus ajouté à ceux que possède déjà l'ordre constitutionnel, qui, dans sa marche progressive, ne rebute pas les variétés, qu'il est d'ailleurs dans sa nature d'effacer.

Les deux dernières années ont été, pour la France, un temps de lutte constitutionnelle. Le combat a été établi entre deux partis, dont l'un, quoi qu'il dise et quoi qu'il veuille, ne veut pas, et, s'il s'entend bien lui-même, ne peut pas vouloir de constitution dont l'égalité fait la base, et dont l'autre tend à consolider l'ordre constitutionnel, et à faire ressortir et appliquer toutes les conséquences qu'il porte avec lui. Les uns voudraient d'une simple formule de constitution; et, en cas de besoin, ils s'en passeraient tout-à-fait. Les autres réclament l'exécution effective de cette constitution, et l'application de fait de toutes ses conséquences; il est dans la nature de toute lutte d'en développer l'objet, et d'étendre les affections qui s'y rapportent. Par conséquent, le combat, soutenu entre les deux

partis, a dû beaucoup accroître l'esprit constitutionnel parmi les Français, et passer des
contendans à tous les intéressés à cet ordre.
Les lois d'exception, celles de la presse, *dite
libre*, et plus qu'elles toutes, la dernière loi
des élections en devenant un objet d'occupation universelle, ont prêté à l'esprit constitutionnel un immense développement. C'est de
la session de 1818 que date la nomination des
députés choisis hors des départemens qui les
ont élus. C'est de la même époque que date
encore la première discussion sur la distinction des articles de la charte en articles fondamentaux et réglementaires : c'est de ce
même temps que date l'expression de l'atta-
chement de l'esprit public, et comme son explosion en faveur de l'ordre constitutionnel,
faveur qui ne l'a abandonné dans aucune cir-
constance, mais qui au contraire l'a suivi et
soutenu dans toutes ses ramifications. Chaque
jour a eu son progrès, chaque acte le sien,
ils se sont tous enchaînés les uns aux autres,
et les effets à leur tour sont devenus des
causes.

Mais où l'esprit constitutionnel a déployé
le plus de forces, c'est en Espagne, en Por-

tugal, à Naples : que l'Italie soit libre dans le choix du mode de son existence, et l'on verra à quoi elle se déterminera. Dans tous les lieux que nous venons de nommer, l'esprit constitutionnel s'est montré être celui de tout le midi de l'Europe; encore enfant, au sortir du berceau, déjà il présentait l'aspect d'un géant couvrant tout de son ombre, et dans quelques jours il avait déjà plus fait et atteint plus loin qu'en d'autres lieux on ne l'a fait dans beaucoup d'années.

Ajoutez que l'Amérique, répondant au signal donné par l'Europe, après avoir brisé le joug de l'Espagne, établissait sur ses rivages naguères voués aux ravages d'un despotisme lointain, et versant ses fléaux par la main de commissaires passagers, des constitutions dont la facture le dispute à ce que l'Europe possède de mieux en ce genre. Venesuela, Buénos-Ayres, le Chili, encore trempés du sang de leurs ennemis comme de celui de leurs propres enfans, ont depuis deux ans adopté le régime constitutionnel, et l'ont consacré parmi eux comme le garant de leur bonheur à venir, et comme l'obstacle au retour de la domination dont ils venaient de s'affranchir.

L'esprit constitutionnel a donc été uniformément en Europe et en Amérique l'esprit distinctif et presque exclusif de cette époque. On pourrait dire que les fonctions constitutionnelles en ont formé l'occupation principale ; voyez les parlemens de France et d'Angleterre, s'assembler et se séparer à la même époque, remplir une portion de l'année à peu près égale, souvent traiter en même temps d'objets semblables, et les deux pays, différens sous tant de rapports, se rapprocher entièrement sous ceux-ci : le régime constitutionnel a effacé, pour ces deux pays en ce qui le concerne, le *littora littoribus contraria*.

L'Allemagne présente un spectacle à peu près conforme à celui-là ; les Pays-Bas font de même, l'Espagne, le Portugal, Naples, s'apprêtent à le répéter, de manière qu'aujourd'hui les peuples s'assemblent pour délibérer sur leurs intérêts à des époques déterminées, comme autrefois ils s'assemblaient pour s'entre-détruire. Ainsi, par l'ordre constitutionnel, la guerre aura fait place aux conseils, et dans cet échange la seconde partie vaudra bien la première.

3° *Etat d'observation et inutilité de l'opposition.*

La libération de la France des entraves données par le traité de Paris, en novembre 1815, fut la suite immédiate du congrès d'Aix-la-Chapelle. Mais en l'affranchissant, on continua de l'observer. La France était depuis 1789 le point d'où les mouvemens principaux de l'Europe étaient partis. Remise à sa direction propre en 1814, de nouvelles secousses de sa part avaient fait courir aux armes en 1815. Depuis ce temps elle avait été contenue par le poids de toute la force de l'Europe, il était donc naturel que rendue à elle-même en 1818, elle devînt dans sa nouvelle liberté, un sujet d'observation très-inquiète, non-seulement de la part des grandes puissances, mais encore de celle de tous les gouvernemens, on pourrait même dire, de tous les habitans de l'Europe. Car quoi qu'on dise et qu'on fasse, en raison de tous ses avantages et de ses supériorités physiques ou morales, la France sera toujours *l'étoile polaire* politique de l'Europe, elle déterminera toujours le mode d'existence de celle-ci, et lui fera ressentir tous ses mouvemens comme adopter tous ses goûts.

Pendant l'occupation de son territoire, les ministres des grandes puissances avaient pu exercer sur la France une influence ressemblant à une direction positive, quoique voilée par des formes de convention et de convenance. L'occupation finie, un autre ordre se présentait : la voie restait ouverte aux conseils, aux influences détournées ; mais rien de direct en ce genre n'était plus possible. Les gouvernemens ont donc eu à faire deux choses seulement 1° veiller sur eux-mêmes activement, 2.° veiller sur la France indirectement.

Ils l'ont fait dans leur intérieur : 1° par le congrès de Carlsbad ; 2° par les résolutions de la diète germanique ; 3° par le dernier congrès de Vienne, trois actes que l'on doit considérer comme formant un seul et même corps.

Ces actes ont été provoqués par l'esprit qui se manifestait en Allemagne : on a donné des noms à cet esprit suivant l'intérêt des nomenclateurs. Le fond était l'éloignement des anciennes institutions qui *jurent avec* l'état présent du monde, et le désir de les remplacer d'après un ordre régulier. Tout cela n'est que de l'esprit constitutionnel plus ou moins bien entendu, plus ou moins bien dirigé, plus ou moins justifié par sa conformité avec la morale, dans ses moyens d'exécution, discussion étrangère à cet écrit; mais toujours est-il vrai que cet esprit se rapportait à l'établissement de l'ordre constitutionnel, par opposition à l'ordre inconstitutionnel, c'est-à-dire sans régularité, qui est établi généralement en Allemagne. Ici il faut faire une distinction. L'ordre établi peut n'être pas un ordre *constitutionnel*. Il est bien l'ordre légal, l'ordre régissant, mais il n'est pas l'ordre calculé, régulier, né des principes qui forment l'ordre vraiment constitutionnel. Autrement Constantinople serait constitutionnel, et il ne se trouverait aucun lieu sur la terre qui ne pût se croire autorisé à se dire aussi constitutionnel. L'ordre légal est positif et de fait; mais pour cela il n'est pas toujours de principes et de calcul. Au contraire, l'ordre constitutionnel ne peut jamais cesser d'être régulier et calculé; c'est ce qui fait la différence entre ces deux régimes.

La défensive que l'Allemagne recherchait contre l'accroissement de l'ordre constitutionnel, la France la répétait dans toute la partie de ses habitans qui sont en opposition avec ce même ordre. C'est alors que fut présenté la première modification à la loi d'élection : il était connu qu'avec celle du recrutement, elle était l'objet des haines les plus vives de ce parti. On sait ce qui s'est passé parmi nous depuis ce temps, comment le Gouvernement a rétrogradé sur la route parcourue depuis le 5 septembre 1816, et comment il s'est rapproché du parti et du système, que pendant plusieurs années il avait signalé comme son ennemi et comme son danger. Si même quelque clarté sur ce qui se passe au-dehors avait pu percer jusqu'à nous, à travers l'épaisseur des ténèbres dans lesquelles on se plaît à nous retenir, même sur nos propres affaires, il serait permis de croire que la même déviation de système a eu lieu de la part des cabinets principaux qui auraient passé de la proscription du *système exagéré* qui cherchait alors à prévaloir en France à son approbation, et de l'approbation de la marche suivie depuis le 5 septembre, à sa réprobation.

Cette dernière manière d'envisager la direction du Gouvernement français, est constatée par la lettre de M. le prince de Metternich à M. le comte de Berstett, ministre de Bade. Il paraît également constant que le même prince, ainsi que les autres ministres de l'Europe, n'avaient pas toujours pensé de même, sur le même sujet.

Mais, ô vanité de la prudence humaine ! O ténèbres de ces yeux qui semblent faits pour tout voir ! pendant que, semblables à un homme qui, sous les armes attendrait son adversaire dans une position donnée, des hommes d'état qui se croyaient bien avisés pensaient parer à tout en rassemblant à Mayence un oisif épouvantail d'inquisition, en débattant à Francfort des questions insolubles et inapplicables, ne voilà-t-il pas que dans les lieux que l'on soupçonnait le moins, qui présentaient des appuis très-solides en apparence, s'élance tout-à-coup avec une force et une détonation encore inconnues, cet esprit constitutionnel poursuivi à grand bruit en France et en Allemagne. Il apparaît au milieu d'un peuple qui semblait inhospitalier pour lui, et qui s'en est trouvé rempli. Dans un jour, à la même heure, il éclate, il règne partout; le sol entier en est couvert, sa force renverse tous les obstacles, son attouchement suffit pour tout métamorphoser ; devant lui tombent des institutions qu'on regardait comme des sauve-gardes inébranlables, devant lui fuient tous ces hommes qui dominaient avec tant de hauteur, qui affectaient tant d'assurance, qui lui insultaient avec une satisfaction si arrogante, avec tant de satisfaction de leur propre mérite, et avec un dédain si superbe pour les rêveries constitutionnelles. Eh bien ! un jour ces rêveries se trouvent occuper seules l'esprit de tout un peuple qu'on croyait se plaire encore dans les langes de la vie sociale, dans les fers du despotisme, et dans le chaos de la superstition. Là, admirateurs de l'Espagne, du pouvoir absolu, des moines, des jésuites et de l'inquisition; du régime qui lui valut des princes de la Paix, des Alberoni, des princesses des Ursins, des ducs de Lerme, des confesseurs tels que les jésuites Lainé et d'Aubenton, préconisateurs ossianistes de l'Hercule chrétien qui devait dissiper d'un seul regard ce maudit esprit constitutionnel, qu'en dites-vous maintenant? l'exemple est-il assez frappant? est-il sain, est-il prudent de s'arrêter à l'écorce d'un pays pour le juger, pour déterminer son esprit, pour fixer son état.... Le 31 décembre 1819, vous eussiez dit qu'il existait de l'esprit constitutionnel en Espagne à peu près autant qu'en Arabie entre la *Mecque et Médine :* vous eussiez délivré un brevet de folie à celui qui en eût indiqué une seule trace dans ce pays, à côté de tant de belles institutions qui le régissaient, et le 1er janvier 1820 vous l'auriez vu soulever la terre d'Espagne, comme une mine fait voler son enveloppe, lorsque l'étincelle a provoqué l'explosion...Vous avez eu la jouissance de ses remercîmens pour vos judicieuses admonitions... et comme si cela ne suffisait pas, bientôt Naples, la Sicile et le Portugal ont répété les mêmes scènes, dans quelques mois, sous la même inspiration le midi de l'Europe a montré *un autre monde :* une nouvelle zone constitutionnelle s'est découverte à tous les yeux, à la place d'une zone de pouvoir absolu, sur laquelle on fondait des espérances de cette intensité qui dispense de la vigilance; c'est là où l'on croyait au sommeil le plus profond, que le réveil a été le plus rapide et le plus entier; il vivait donc cet esprit constitutionnel, quoiqu'il ne se montrât pas : son silence n'était donc pas son absence ou son néant : d'où serait-il venu dans cette abondance, s'il n'eût pas préexisté à son explosion; car cet esprit ne s'acquiert pas dans un jour, et pour exister dans la somme où il se montre dans le midi de l'Europe, il fallait qu'il y datât déjà de loin. Il était comprimé, inaperçu, mais il vivait : quelques grains de poudre comprimés dans un tube, n'en occupent qu'une petite partie; mais au moment de la détonation, ils suffisent pour le remplir de flammes, et pour changer une matière inerte dans l'instrument des plus rapides destructions.

Les efforts faits pour arrêter l'esprit constitutionnel qui s'identifie avec le grand changement que le monde subit, et qui en est à la fois le véhicule et le résultat, ces efforts ont donc été vains. L'esprit constitutionnel a eu l'air de se jouer d'eux : tantôt présent et découvert à tous les yeux, comme en Allemagne, il faisait les constitutions de Bade, de Bavière et de Wurtemberg, sous les yeux de ses ennemis que ces créations embarrassent fort, comme l'avoue le prince de Metternich dans sa lettre à M. de Berstett : tantôt dérobant sa marche, se déplaçant avec rapidité, et comme pour ménager le plaisir de la surprise à ses adversaires, il a été frapper des coups inattendus sur de vastes contrées dont on croyait qu'il n'oserait jamais approcher.

Ainsi sous toutes les formes et dans tous les climats, depuis le congrès d'Aix-la-Chapelle 1818, jusqu'en 1820, comme le feu brûlant au centre de la terre, cet esprit n'a pas cessé de produire et d'agir : son action a formé l'occupation principale de tout cet intervalle ; en jugeant de l'avenir par le passé, il est naturel d'en conclure qu'il continuera d'agir et de produire. On arracherait plutôt une étoile du firmament que cet esprit entré dans la substance intime de l'esprit et du cœur des habitans de l'Europe, il en fait partie, il faudrait une autre race d'hommes pour l'extirper du milieu du monde.

CHAPITRE III.

Ordre constitutionnel en Amérique.

MAIS pendant que tout ceci se passait dans cette partie de notre monde d'Europe, sur la terre que foulent nos pas, que faisait-on dans l'hémisphère opposé au nôtre? Quel esprit vivait dans ces climats? quel ordre s'y établissait? N'est-ce pas encore l'esprit constitutionnel, dont on peut dire aujourd'hui ce que le poëte avait attribué à la puissance de la Divinité.

Mens agitat molem et toto se corpore versat.

N'est-ce pas encore l'ordre constitutionnel qui s'est fixé dans ces lieux? Oui c'est lui, c'est le même qui s'étend en Europe des colonnes de l'Hercule chrétien et du phare de Messine, aux confins glacés de l'antique patrie des Bardes. Cet ordre a franchi l'Atlantique, et ses vastes espaces avec ses abîmes.

Lassé de n'être qu'une succursale d'un pays qui n'est lui-même qu'un appendice de l'Europe, un grand continent, l'Amérique du Sud a redemandé à la politique les droits de la nature, qui l'avait faite indépendante comme l'Europe, et autant que l'Europe : elle est rentrée dans les droits de sa création propre : le fer, le feu, la dévastation de ses campagnes, la subversion de ses cités, l'extermination de la race qu'elle avait nourrie, rien n'a pu la détourner de sa détermination : acte vraiment humain, et conforme aux lois premières de la nature, de cette nature mère commune de tous les êtres, source de droits égaux pour tous les hommes, et qui sûrement n'a pas créé un monde pour les plaisirs d'un autre monde.

Au milieu de ses combats et de ses douleurs, à quoi a songé l'Amérique? Quel garant a-t-elle recherché pour sa liberté, pour son ordre intérieur, pour l'interdiction éternelle du retour de l'ancienne dépendance? A quoi a-t-elle confié le dépôt de la nouvelle vie de ce monde récemment émancipé? A des constitutions, à l'ordre constitutionnel dans toute sa pureté.

Du détroit de Davis à celui de Magellan, cet ordre remplacera dorénavant et le sceptre des Incas et celui de l'Espagne : devant lui vont disparaître également et les bizarres institutions des peuples éclairés à peine d'une faible lueur de raison, et les barbares institutions transplantées de l'Europe en Amérique. En place de ces ébauches grossières, de ces établissemens désordonnés, règneront désormais des codes réguliers, produits des lumières des siècles et d'hommes plus éclairés, fruits de la réflexion et de l'expérience, exempts dans leur confection et dans leur application de la concurrence et du choc que font éprouver, en Europe, une foule d'établissemens et de droits préexistans : là le sol est vierge, comme les esprits sont purs, le premier exempt d'entraves, et les seconds de préjugés. Ce sont ces terribles antécédens qui font la difficulté et les combats en Europe : il faut démolir, déplacer, transformer, faire oublier; que de sources d'embarras! au contraire, sur le sol libre de l'Amérique, tout est comme de *plain-pied*, nul obstacle n'obstrue la route. *Le mélange des sangs* est une grande difficulté dans quelques parties de l'Amérique, je le sais, mais quelle que soit l'intensité de cette difficulté, elle n'a rien de comparable avec celles qu'ont entassées dans nos climats les établissemens sociaux et reli gieux formés depuis 1400 ans.

Les Américains du Sud ont donné un grand exemple : guerriers et législateurs, tout à la fois, dans une de leurs mains, le glaive repoussait l'ennemi ; de l'autre, se traçaient les codes qui doivent régir ces nouveaux do‑ maines de la raison. Quel immense espace occupe maintenant ce nouvel apanage de l'ordre constitutionnel ! C'est Vénézuela tout entière, et la nouvelle Grenade, patrie de l'*or*, mère de la richesse ; c'est Buenos-Ayres qui étend ses longs bras du cap de Horn au pied des Andes, aux sources de ces fleuves qui, dans leur cours immense, profond, et fécon‑ dant, parcourent de vastes contrées dans une étendue et dans un volume dont nos filets d'eau, appelés fleuves en Europe, ne donnent aucune idée : dans ces climats où la nature a travaillé à si grands traits, où elle a semé tant de colosses et tant de richesses, mais dans laquelle elle avait négligé de placer une race humaine, correspondante à la grandeur du

reste de son ouvrage, désormais tout s'or-
donnera d'après l'ordre avoué et dicté par la
raison; ce trésor était le seul qui manquât à
l'Amérique. Elle l'a acquis par sa liaison avec
l'ordre constitutionnel; on verra ce qu'elle
deviendra remaniée, pour ainsi dire, par
ce nouvel agent, et la distance qui séparera
l'Amérique des constitutions, d'avec l'Amérique du despotisme. Ce qui se faisait en
Europe, se répétait donc en Amérique à la
même heure et de la même manière; l'esprit
d'un pays était donc celui de l'autre, et la
parfaite conformité des faits, à des distances
aussi grandes, ne montre-t-elle pas la généralité de l'esprit qui les a déterminés.

C'est encore le même esprit qui existe dans
l'Amérique du Nord, il commence a éclater
dans les possessions anglaises du Canada, cet
apanage infaillible des États-Unis (1). Cet es-

----

(1) On lit quelquefois dans les papiers publics,
sous la rubrique de Londres, que le gouvernement
anglais donne beaucoup de soins à la défense de sa
frontière du Canada du côté des Etats-Unis. Derniè-
rement on énumérait de fort grandes dépenses faites
pour fortifier l'*île aux Noix*. Ce sera sûrement une

prit règne exclusivement dans l'immense étendue qu'occupent ceux-ci. Là il se montre dans toute sa pureté : là il ne rencontre ni cour, ni censure, ni lois d'exception, ni corps privilégiés dressés contre son essor plein et entier; libre comme l'air que respirent ses habitans, simple et pur comme leurs mœurs, et comme leurs cœurs, vaste comme leur territoire, cet esprit sans effort comme sans obstacle, fait partie de l'existence commune à tous, et semble un sens ajouté à ceux

---

très-belle chose que les fortifications de l'*île aux Noix*. Mais, pourrait-on demander aux Anglais, si c'est pour eux ou pour les Américains qu'ils travaillent. Pour moi, je suis tenté de croire que c'est pour ces derniers. Les Américains peuvent les laisser faire là et autre part encore : car ils sont bien sûrs d'hériter d'eux. Les Anglais ont oublié d'apporter en Canada une population égale à celle des Etats-Unis. Lorsque ceux-ci pourront faire marcher cinquante mille hommes sur le Canada, à quoi serviront, pour sa défense, les remparts élevés dans l'*île aux Noix?* Aux Américains, à expulser à jamais les Anglais de la contrée. Quand les Américains tiendront le Gibraltar du Canada, qui pourra le leur reprendre?

que l'homme de ces contrées a reçus de la nature.

La révolution d'Espagne vient de porter l'ordre constitutionnel dans le Mexique et dans le Pérou, seuls débris de l'empire qu'elle possédait dans ces contrées. Là, du moins, on ne dira pas que ce sont les libéraux de Paris qui ont opéré, car c'est la métropole elle-même, le souverain à la tête, qui est venu faire le changement, l'imposer au nom de la loi et de la justice, l'offrir comme le gage de la paix, et le recommander comme la garantie de la stabilité de l'union entre les deux états. La Havanne, Porto-Ricco, Saint-Domingue espagnol n'ont point eté exempts de la même importation : il y a plus, cette île même vers laquelle la France tourne des regards de douleur, et dans laquelle règnent aujourd'hui ceux qui jadis travaillaient pour accroître l'opulence française, cette île est régie presque en entier par cet ordre constitutionnel, qui lui fut étranger, lorsqu'elle obéissait à des Français, au peuple le plus policé entre tous les autres peuples : spectacle étrange, Saint-Domingue asservi légalement par les blancs et légalement libre sous les noirs!

La révolution du Portugal dans les deux combinaisons qu'elle offre, celle du retour du roi en Europe, ou de son séjour au Brésil, montre comme inévitable et prochain l'établissement de l'ordre constitutionnel dans cette contrée. Le roi revient-il en Europe? Comment le roi constitutionnel du Portugal sera t-il le roi absolu du Brésil : combien de temps un partage aussi inégal pourrait-il être maintenu entre les sujets du même souverain. Combien de temps la prudence conseillerait-elle de le laisser subsister? Le roi reste-t-il au Brésil, préférant un monde en Amérique à une province en Europe? le résultat est encore le même. Au centre de toutes les constitutions de l'Amérique, en regard de celles de l'Europe, en communication journalière avec des peuples constitués et des hommes constitutionnels, comment pourrait-il se soustraire à ce poids immense d'influences? L'Amérique entière par diverses voies, mais par un résultat uniforme, est donc entièrement constitutionnelle. Les deux dernières années, celles que j'analyse, ont suffi pour cet immense changement, et ce qui est le plus à remarquer, c'est qu'il est l'ouvrage du prince et du pays qui y paraissaient les plus opposés; là on a pu connaître l'effet des dominations étendues, dont l'action se fait dans un clin-d'œil ressentir au loin.... Que l'empereur du vaste empire de Russie parle, et d'un mot voilà la septième partie du globe changée.... La parole du roi d'Espagne a eu la même efficacité : un mot de sa bouche a changé tout un monde.

Il est donc vrai de dire que l'esprit et l'ordre constitutionnel ont été depuis 1818 le mobile et l'objet de l'action principale du monde. Il faut de plus reconnaître que cette même action a acquis en Amérique des développemens beaucoup plus rapides et bien moins contestés qu'ils ne l'ont été en Europe. Là même ils ont eu un principe de régularité dont en Europe on leur reproche l'absence, puisque d'un côté le changement est souvent venu par les sujets, et que de l'autre il est venu par le souverain, qui, non-seulement a toléré, mais qui de plus a ordonné. Par conséquent, on ne peut méconnaître que dans les deux hémisphères l'esprit constitutionnel n'ait dominé depuis 1818, et qu'il n'ait rempli tout cet espace de temps.

Un court exposé va rendre comme sensible aux yeux la vérité de cette assertion. Rien n'est plus propre à fixer les idées que les tableaux et les rapprochemens.

Voici ce qui s'est passé partout.

En France et en Angleterre, deux sessions ouvertes et fermées presque le même jour.

Deux budjets réglés aux mêmes époques. Les deux pays ont marché parallèlement sur la même ligne constitutionnelle.

Deux sessions dans le royaume des Pays-Bas ; dans l'une, nomination des députés suivant la forme constitutionnelle ; dans l'autre, refus du budjet décennal ; la troisième session tient dans ce moment. En Norwège deux sessions législatives, et deux propositions pour l'abolition de ce qui reste de noblesse dans ce pays, arrêtées jusqu'ici par le *véto* royal. L'objet est d'empêcher l'introduction dans ce pays des nobles suédois.

La Pologne a vu aussi deux sessions. Quelques nuages ont obscurci la fin de celle qui vient d'être terminée, et le souverain n'a fait entendre que la voix d'une paternité tempérant la puissance. En Saxe deux sessions ; dans

célle qui s'ouvre, nouveau mode de représentation.

A Darmstadt, session ébauchée, scindée
par les réclamations d'une partie des membres de l'assemblée, à la veille d'être reprise
d'après les nouvelles résolutions et conces-
sions du prince.

En Baviére, deux sessions.

Dans le Wurtemberg, autant : l'une des
deux consacrée à régler l'acte constitutionnel
entre le roi et les chambres législatives.

A Bade, session suspendue, et reprise ; nouvelle annoncée.

A Madrid, à Naples, à Lisbonne, dès le
premier jour on s'est mis à l'ouvrage ; dans
ces pays tout s'organise d'après l'ordre constitutionnel.

Je néglige Hanovre, Brunswick, et le pays
de la Lippe ; nous sommes assez riches en
preuves sans celles-là.

Il résulte de ce tableau :

1° Que les occupations législatives ont formé
depuis 1818 l'occupation principale et générale de l'Europe.

2° Que cet ordre de choses a laissé fort peu
de place pour d'autres occupations, telles

qu'étaient antérieurement les objets ordinaires de la politique. Celle-ci a presque disparu.

3° Que ce nouveau mode d'existence donne
à l'Europe une face absolument nouvelle, et
différente de celle qu'elle avait dans l'absence
de l'ordre constitutionnel.

Prenez l'histoire des deux temps et comparez.

CHAPITRE IV.

Hesse-Darmstadt.

HESSE-DARMSTADT est un fort petit pays; il n'occupe qu'une fort petite place sur la carte de géographie, mais il vient d'en prendre une fort grande dans l'ordre constitutionnel. C'est à ce titre que je lui consacre cet article. Le 18 mars, un édit grand-ducal établit un ordre constitutionnel, il avait été fort désiré... Le souverain avait enjoint de l'attendre en silence.

Les députés du pays le rejettent : une session a lieu, des tentatives sont essayées pour ramener les dissidens. Ils persistent.... On déclare leurs pouvoirs abolis : leurs remplaçans sont désignés; presque tous sont repoussés, néanmoins la lutte se soutient par la force d'inertie, et au bout de quelques jours, le souverain déclare que l'acte constitution-

(65)

nel sear déterminé dans un travail commun
entre lui et les représentans; il remet la plénitude du droit de l'impôt aux représentans
de ceux qui le paient, la joie éclate de toute
part, les bénédictions retentissent, tous les
nuages sont dissipés, le prince et les sujets
se trouvent également heureux.

Dans ce retour aux principes, j'aperçois
de grands exemples et de grands sujets de
réflexion.

Dans l'ordre moral, il n'y a ni grand ni
petit, il n'y a point de taille, ni de mesure
fixée pour la force de l'exemple. Quel qu'en
soit le théâtre, il a la même efficacité.

Le roi de Wurtemberg avait donné l'exemple de revenir à la confection de l'acte constitutionnel, entre le souverain et les représentans.... Ce monarque a prononcé à cette occasion un discours dans lequel respire la
plus grande élévation de sentimens.

Dans ces deux cas, tout est consolant parce
que tout est dans l'ordre. Là, point de sol-
dats proclamant une constitution qu'ils ne
connaissent pas et qu'ils n'entendent pas
davantage : là, point de souverain, ni de

peuple exclus de la confection du contrat qui doit les lier mutuellement, là par conséquent les droits de chacun reconnus et maintenus.

CHAPITRE V.

Bade.

Une dissolution eut lieu pour la chambre des députés de ce pays.

Quelques jours après, le ministre de l'intérieur adressa à tous les directoires des cercles, un rescrit qui leur enjoignait de veiller à ce qu'il n'y eût pas dans leur ressort des conférences entre les députés et les électeurs... Ceci était d'un genre qui se rapportait fort peu à l'ordre constitutionnel.

Depuis ce temps, le prince a posé la première pierre de l'édifice destiné aux états : son discours, dans cette occasion, renferme l'expression des sentimens les plus propres à inspirer la confiance et la reconnaissance.

Ceci sert à faire remarquer comment l'on passe des formes de l'ancien régime absolu, à celles du régime constitutionnel, qui n'admet pas toutes celles du premier.

Il y a à parier que c'est pour la première et la dernière fois qu'à Bade, comme ailleurs, il sera défendu aux électeurs et aux députés de communiquer entre eux.

CHAPITRE VI.

L'Europe non conformiste. — L'Amérique conformiste.

Il suit du tableau que nous venons d'exposer, que l'Europe est divisée en deux zones d'existence politique qui n'ont rien de commun entre elles : l'une constitutionnelle, et l'autre extra-constitutionnelle : et que de plus dans chaque division il existe des différences notables ; examinons les forces respectives de ces deux divisions.

Ces forces se composent de territoire, de population, de richesses, et des influences morales qui résultent de tout ce qui forme la prééminence des peuples les uns à l'égard des autres. Ainsi le climat, le langage, les arts, la littérature, le théâtre, en un mot, l'état général de la civilisation, classent les peuples, comme les individus, suivant leur avancement dans ces divers degrés de l'échelle de la vie sociale, en leur donnant des moyens de supériorité et d'attrait à l'égard de ceux qui leur sont inférieurs.

L'Espagne, le Portugal, Naples, la France, les Pays-Bas, l'Angleterre, la Bavière, Bade, Wurtemberg, Darmstadt, la Norwège et la Pologne forment la zone constitutionnelle, à divers degrés, la majeure partie au premier degré, le reste à un degré inférieur, mais toujours constitutionnel.

La population de l'Europe chrétienne s'élève à 160,000,000 d'hommes.

La zone constitutionnelle en compte, ainsi qu'il suit, 88,000,000 :

La France, 50,000,000.

L'Angleterre, 18,000,000.

L'Espagne et le Portugal, 15,000,000.

Naples et la Sicile, 7,000,000.

États allemands, 8,000,000.

Pays-Bas, 6,000,000.

Pologne, 3,000,000.

Norwège, 1,000,000.

En y joignant pour d'autres petits états d'Allemagne, constitutionnels à divers degrés, 2,000,000, on arrive à une somme totale effective de 90,000,000, ce qui surpasse à un haut degré le nombre extra-constitutionnel pour lequel il ne reste que 70,000,000.

Ici, il faut remarquer que les deux dernières années ont ajouté au nombre des constitutionnels existant avant 1818, 26,000,000.

Si pour avoir la masse totale des sujets de l'ordre constitutionnel, on ajoute, comme il est raisonnable de le faire, le nombre des habitans de l'Amérique, dont les uns sont sujets de l'Espagne, et les autres sont liés avec nous par mille relations, on aura, les États-Unis compris dans cette supputation, 25,000,000 d'hommes, lesquels ajoutés aux 90,000,000 existans en Europe, forment un nombre total de 115,000,000 d'hommes vivans dans l'ordre constitutionnel, pendant que le nombre extra-constitutionnel ne s'élève qu'à 70,000,000.

Si la majorité faisait loi parmi les nations comme dans l'enceinte d'une assemblée, on voit de suite de quel côté l'univers serait obligé de se ranger.

Ces calculs ne sont pas plus le résultat d'une fantaisie que celui d'une vaine curiosité; ils sont les élémens primitifs d'une évaluation indispensable pour la solution du plus grand problème qui puisse être soumis à la décision des hommes, celui de la possibilité de l'opposition d'une partie du Monde à l'autre. Il faut connaître les forces des deux parties pour parvenir à fixer la durée de leur résistance. Quand le christianisme parut, on put évaluer la durée de l'opposition du paganisme par la comparaison des forces des deux partis. Maintenant, comparez l'Espagne, la Lusitanie, la grande Grèce, la France, la Belgique, l'Angleterre et la haute Allemagne, avec la haute Italie, l'Autriche, la Hongrie, la Galicie, le Danemarck et la Russie; voyez de quel côté brille avec plus d'éclat l'astre du jour, quelles productions il mûrit, quelles cités il éclaire, quels génies il embrasse et épure de ses feux; cherchez de quel côté coulent les richesses, les produits des arts, quels hommes servent comme d'instituteurs aux autres, leur fournissent les modèles avec les jouissances dont tous sont devenus avides; regardez quels sont les points vers lesquels se dirigent les voyageurs, quelles langues ils apprennent, quels monumens ils viennent contempler, à quels théâtres ils assistent; dites quelle est, dans cette position, la partie qui exerce la plus grande influence sur l'autre, et qui lui sert comme d'aimant : eh bien, c'est cette partie dominante sur l'autre qui est constitutionnelle. Comment, en subissant son influence sur tous les points de son existence, la première ne la ressentirait-elle pas sur celui-là seul? Quel prestige inconnu jusqu'à ce jour pourrait opérer ce miracle? Mais cette grande division constitutionnelle est affectée dans son sein d'un fort grand nombre de *non-conformités;* elle ne forme pas un tout homogène de principes ni d'établissemens, et c'est ce qui établit entre l'Amérique et elle une prodigieuse inégalité; car l'Amérique est parfaitement conformiste, tandis que l'Europe est entièrement non conformiste.

L'état de l'Amérique se rapporte à trois points principaux :

1° L'affranchissement territorial de la domination de l'Europe, c'est-à-dire, l'indépendance de la souveraineté;

2° La séparation de la politique de l'Europe, c'est-à-dire, l'indépendance de son système politique, une politique à part, comme l'Europe en a une pour elle-même;

5°. L'ordre constitutionnel avec des états fédératifs, sur le modèle de l'Amérique du Nord.

Or, tel est évidemment l'ordre qui tend à devenir la forme générale du gouvernement destiné à prévaloir en Amérique.

Le Brésil, quoique sous la forme royale, ne fera pas exception à la règle de l'établissement général de l'ordre constitutionnel, car il ne peut manquer d'y entrer très-prochainement. C'est de ce point qu'il faut partir pour bien juger l'ensemble de la position; et que ceux que ce tableau chagrine ne récusent pas l'intervention de l'Amérique dans cette affaire, car les relations de l'Europe avec ce pays, qui sont déjà fort grandes, tendent sans cesse à acquérir un développement dont il faut d'avance prévoir les effets; ils sont immanquables.

Ainsi donc l'Europe va se trouver partagée en deux zones non-seulement différentes, mais contraires, et par-là même opposées, et par le fait de cette opposition se regardant comme ennemies, et vivant dans un état soutenu d'ombrages et sur un *qui vive* continuel.

L'ancien état de paix subsistait entre les différentes parties de l'Europe par leur conformité : l'une appuyait l'autre, et les différences qui se faisaient remarquer étaient légères. Mais lorsqu'au contraire une division absolue s'établit par grandes masses, auxquelles des circonstances particulières donnent l'effet de l'égalité, comment la bonne harmonie subsisterait-elle entre des oppositions aussi fortement tranchées. Que produisit la juxta-position du christianisme avec le paganisme et le mahométisme, ou bien celle du catholicisme avec le protestantisme. Quand la tolérance et le support se sont-ils établis entre eux? Que de combats et de tumulte pour arriver à ce point.... Le nouveau venu plus jeune, tend sans cesse à acquérir, il est sur une offensive continuelle; son adversaire n'a pour lui que les chances de la défensive, et les aggressions ne s'arrêtent qu'après la conquête consolidée. Tel ne peut manquer d'être l'ordre constitutionnel à l'égard de celui qui ne l'est pas : celui-ci est borné à conserver, l'autre tend à conquérir, il y a attaque et défense : mais les moyens de l'ordre constitutionnel surpassent infiniment ceux de l'ordre extra-constitutionnel : on ne peut faire perdre au premier ses domaines déjà acquis : tenter de le refouler serait lui donner la force de la poudre comprimée ou celle des eaux forcées.

Arrivé à ce point, qui est le nœud véritable de la difficulté, je demande comment on sortira de là : pour moi, je le cherche depuis long-temps, et je prie qu'on veuille bien me l'indiquer.

L'Europe court vers une représentation, qui, en grand, retracera celle qu'en petit a offert l'enceinte de la chambre des députés, une division en parties égales, produisant des majorités de une et cinq voix. On sait combien cette *égalité* a valu de calme à la France.

La même cause amènera le même résultat en Europe, en le généralisant et en le multipliant, par l'étendue de l'espace et par le nombre des interlocuteurs.

Quel spectacle présenteront des cours remplies pour une moitié, d'ambassadeurs de pays constitués, et pour l'autre moitié, d'envoyés de pays non constitués ! Quelle communauté de langage, de mœurs et d'appréciation des choses pourra-t-il y avoir entre tous ces hommes partant de deux pôles opposés de principes, et de manières de juger les objets? Quel embarras pour les princes, et pour les ministres placés entre des incompatibilités aussi formelles, ayant à traiter à la fois avec elles, et à user envers elles des égards dus aux représentans de tout état, quel qu'il soit? Conçoit-on une position plus contrainte ni plus singulière? Que pourront avoir de commun les instructions données aux ministres résidans auprès de gouvernemens qui se ressemblent si peu par les principes? Il faudra de toute nécessité apprendre et parler deux langues. Quel effet produira sur l'esprit des peuples le spectacle de ces cours *mi-parties?* L'esprit se perd dans la recherche de tout ceci. Et quel surcroît d'embarras n'ajoutera pas aux *ambages* déjà existantes par cette division de l'Europe, la survenance de la républicaine Amérique envoyant de son côté dans toutes les cours de l'Europe des représentans, dont les habitudes, les idées et les paroles auront bien peu de rapport avec leurs analogues dans notre Europe! dont le sens droit parce qu'il sera encore naturel, déroutera notre esprit faussé par une flexibilité que de bien pauvres génies font passer chez nous pour de l'habileté, mettra aux choses leur véritable valeur, et donnera dans son amour pratique de la simplicité, des démentis continuels à nos vanités de convention. Mettez dix *Franklins* à cheveux blancs, sous un vêtement dont la propreté fait le seul ornement, au milieu d'une foule d'envoyés et de courtisans d'Europe, reluisans de dorures et chamarrés de rubans : les premiers représentant dans leur simplicité des pays riches sans luxe et sans dettes, florissans sans attirail administratif, gouvernés presque sans frais et comme sans agens visibles, affermis dans la paix par une vie de bonne foi ; et les seconds, représentant dans leur ostentation, des états obérés sous une apparence d'opulence, dévorés par les frais de leur régie propre, gouvernés très-chèrement, et vivant au milieu de jalousies et d'ombrages réciproques, et vous verrez combien de temps cela pourra tenir.... Nos yeux mêmes ne pourront résister long-temps à ce contraste... Il n'était pas sensible, lorsque l'Amérique n'avait qu'un seul représentant dans chaque cour ; mais quand il y en aura dix, de toute contrée, de toute langue, de toute couleur, que fera-t-on ? Et à quel titre exclurait-on l'ambassadeur à la face noire, au teint cuivré, aux traits tout-à-fait différens des nôtres : on admet bien les représentans de la Chine et de l'Afrique.... Un grand roi étala avec complaisance toutes les pompes de sa cour devant les ambassadeurs vrais ou supposés de Siam.

Il ne faut pas s'abuser : l'Europe est dans une position dont aucun temps de son existence antérieure ne lui offre aucune trace, et pour laquelle elle n'a rien de préparé.

Je regrette d'être le premier à l'en avertir, mais quelque pénible qu'il soit d'avoir à prendre cette initiative, elle l'est encore moins que le sentiment du besoin qui l'inspire.

Ceux qui depuis long-temps s'effarouchaient de m'entendre dire *que le monde change de face,* peuvent maintenant juger de mes raisons.

Et que l'on ne se rejette pas sur de commodes ajournemens, sur des délais demandés par la paresse ou la peur à la distraction de l'esprit; que l'on ne s'imagine pas en être quitte pour ces allégations dérisoires d'*utopies* si communes parmi les hommes qui cherchent

à se dispenser de penser, et qui croient répondre par des railleries à ceux qui pensent,
comme si ce que je dis ne devait appartenir
qu'à l'an 2440; eh bien! cette année, si re-
culée en apparence, n'est ni plus ni moins
que le moment présent. L'Océan est comblé,
comme les Pyrénées furent aplanies : l'Amérique est là, à nos portes, elle y frappe, il faut
répondre.

Un monde entier ne peut pas rester éter-
nellement dans un état équivoque, ni passer
le temps à solliciter une audience de l'autre,
et la vérification de ses lettres de créance. Il les
vérifiera lui-même, et, si l'on tarde, d'un seul
mot il peut faire accourir les rétardataires;
car, dans l'état où sont les choses, qui peut
empêcher l'Amérique de déclarer, qu'elle
aussi ne reconnaît que qui la reconnaît elle-
même; qu'elle n'ouvrira son sein, regorgeant
de richesses, qu'à ceux qui de leur côté ou-
vriront leurs archives à ses titres de légitimité sociale parmi les nations. Quel dom-
mage a-t-elle à craindre, qui peut l'aborder,
la combattre, ou lui rien enlever? N'est-il pas
évident que le combat ne peut jamais être
égal entre ses ennemis et elle : elle peut tout

donner, ils ne peuvent lui rien ôter. Qui ne se montrera pas empressé de la pourvoir, elle qui possède si abondamment ce qui paie tout : il y aura toujours concurrence entre ses fournisseurs ; ses ports seront toujours assiégés par une foule empressée, comme on voit l'être en Europe les portes des trésors publics.... *La caisse du monde est en Amérique :* il ne manquera jamais personne à son ouverture. Ce qu'en Europe, aux jours solennels, on voit les rois faire, par les maigres largesses, que du haut des palais ils distribuent à des hommes bien peu familiarisés avec l'or, l'Amérique le fait à toutes les heures et pour tout l'univers : chacun de ses jours est marqué par les distributions de richesses qu'elle fait au monde, et celui-ci n'a l'air de n'être que son courtier.

On ne sait pas encore assez ce que c'est que l'Amérique : on ne peut tarder à l'apprendre ; et par la force des choses, il y aura dans peu un terme à toutes les façons que l'Europe fait pour reconnaître son trésorier d'outre-mer.

Il y a donc, il continuera d'y avoir une opposition, une disparate marquée entre l'état de l'Europe et celui de l'Amérique; et cependant la première ne pourra se soustraire ni aux communications avec la dernière, ni à son influence, nouvelle source d'embarras pour celle-ci; celles qui existent dans son sein sont déjà bien nombreuses et bien fortes, et il semble que l'on se plaise à y ajouter.

En parlant de cet état double et contradictoire de l'Europe, que ne serai-je pas autorisé à ajouter? Ce doublement se fait remarquer partout dans un degré que le monde n'avait pas encore vu.

Par la distribution territoriale, faite par le congrès de Vienne, des peuples et des pays séparés auparavant ont été réunis, et la réunion a porté sur un si grand nombre d'objets, qu'il en est résulté qu'aujourd'hui un très-grand nombre d'états de l'Europe, on pourrait dire la presque totalité, existent à double, ainsi qu'il suit:

Le Piémont et Gênes.

L'Autriche et l'Italie.

La Russie et la Pologne.

La Suède et la Norwège.

La Prusse d'Allemagne, et la nouvelle Prusse du grand duché du Rhin.

La Hollande et la Belgique,

Il faut ajouter à cet imbroglio continental, le Portugal et le Brésil.

Voilà pour le matériel.

Dans ceci beaucoup de non conformités physiques se font apercevoir. Il y a presqu'autant de témoins que de cartes de géographie.

Dans l'ordre politiquement moral, la non conformité n'est pas moindre.

Ici l'on reçoit les représentans des puissances du Midi entrées dans l'ordre constitutionnel : là on les exclut ; ailleurs, on menace une de ces puissances, et l'on ne dit rien aux autres : cependant le principe du changement a été le même chez toutes ; on voit être en alliance avec ceux qui rejettent, ceux qu'on admet, d'après certaines convenances, mais qu'au fond on désapprouve. Nulle part on n'a prévu les changemens : ils arrivent, et on les rapporte à des causes tout-à-fait étrangères au nouvel ordre. Ce nouvel ordre lui-même n'offre pas plus de conformité dans les divers états : dans les uns, le prince seul fait la constitution ; dans les autres, il y a concours entre le prince et le peuple, par les représentans de celui-ci ; ailleurs le peuple la fait tout seul : ici il exclut, là il est exclus ; dans d'autres lieux les constitutions sont adoptées à la clameur publique, commandées par elle, c'est l'œuvre de l'imitation, et non de la délibération solennelle d'un peuple qui bâtit pour lui et pour long-temps ; dans quelques contrées le pouvoir du prince est excessif, inconciliable avec les notions et l'exercice d'une liberté véritable ; dans d'autres il est trop restreint, il manque à la fin pour laquelle il est institué : la contradiction est partout. Quel chaos, grand Dieu ! et quelle erreur inextricable ! Jadis l'Europe se soutenait par la conformité de toutes ses parties, et pour ainsi dire par une existence commune, et par la ressemblance de ses institutions : elles s'appuyaient les unes sur les autres, et formaient une masse compacte et solide par leur adhésion ; au contraire, aujourd'hui, la difformité a pris la place de cette ancienne conformité, et il y a autant de principes d'opposition et de divergence, qu'il y avait auparavant de principes d'adhérence et d'union.

C'est une position toute nouvelle, et du genre de celles qui ne peuvent résulter que de ces grands mouvemens imprimés aux sociétés qu'on appelle révolutions d'idées et de principes.

C'est ce que nous allons démontrer dans le chapitre suivant.

Notre sujet nous presse, nous pousse, et nous fait atteindre aux entrailles mêmes de la question. La voici tout entière.

CHAPITRE VII.

MONITEUR DU 17 OCTOBRE 1820.

Vienne, 5 octobre 1820.

Réponse de S. M. l'empereur d'Autriche aux députés du comitat de Pest, en Hongrie.

Il nous est agréable de voir le comitat de Pest animé d'un si bon esprit. La providence divine a voulu que je puisse préserver de tous les maux les peuples qu'elle m'a confiés : je n'ai rien omis de ce qui pouvait contribuer au bonheur de ma monarchie. Tout le monde est dans le délire (stultigat), et c'est au mépris des anciennes lois qu'on court après des constitutions imaginaires. Vous avez une constitution que vous avez reçue intacte de vos aïeux, vous l'aimez; je l'aime également, et je la conserverai pour la transmettre à la postérité. Je crois que tels sont vos sentimens , que, en cas de besoin (que Dieu nous en garde !), vous ne m'abandonnerez pas, et je vous assure que vous pouvez en attendre autant de ma part.

Telles sont les paroles qu'avec douleur comme avec plaisir on rencontre dans le discours d'un grand souverain, aussi respectable par ses hautes vertus que par le rang élevé qu'il occupe dans l'ordre social : avec douleur, parce qu'elles indiquent une fausse appréciation des choses dans un homme que l'éminence du poste qu'il remplit, affranchit de tout ce qui trouble la raison des particuliers, ou qui obscurcit l'horizon de ceux-ci; avec plaisir, parce qu'elles renferment l'aveu et la reconnaissance de l'état actuel du monde, et le tableau de ses vœux.... *Vous avez* une constitution, est-il dit aux Hongrois; eh bien! le monde veut aussi en avoir une, et c'est pour l'obtenir qu'il s'agite... La question est admirablement posée, ces paroles sont sacramentelles, je m'en empare, c'est mon livre tout entier : je n'eusse jamais osé aspirer à l'honneur de compter un pareil auxiliaire, un commenlateur trouvé si haut... Examinons tout ceci et tirons-en toutes les conséquences...

Non, le monde n'est pas dans le délire : il est dans l'enfantement : le monde n'est pas en révolte ; ce mot employé si souvent n'a pas encore d'acception bien déterminée, ni une théorie certaine : un monde ne se révolte pas, il s'arrange : le nôtre fait ainsi : il se réforme, il remonte de la barbarie à des institutions, de l'arbitraire à la légalité, de l'irrégularité à la régularité, de l'exclusion des sociétés de la connaissance de leurs affaires propres, au partage du maniement de ces mêmes affaires. Allez demander aujourd'hui à la moitié du monde tombé dans cet état, s'il s'est révolté, et vous verrez ce qu'il vous répondra. Les païens accusaient aussi les chrétiens de se révolter contre les lois de l'empire, et les massacraient à titre de rebelles : les Polyeuctes sont sur nos autels, alors ils montaient sur leurs échafauds. Il en est de l'ordre social comme de l'ordre physique. Le printemps n'est pas en révolte contre l'hiver, il ne fait que lui succéder : la lumière n'est pas en révolte contre les ténèbres, elle

les dissipe; la médecine n'est pas davantage
en révolte contre les infirmités qui font partie de la nature humaine, seulement elle les
guérit quand elle peut, et s'oppose à leur
retour. Voilà toute la théorie de la révolte
actuelle du monde et de son délire. Dans ce
moment, il éprouve un de ces changemens
qui ont eu lieu toutes les fois qu'il s'est fait
un grand déplacement dans les idées (car le
monde n'est gouverné, moralement parlant,
que par des idées), et lorsque les esprits ont
pris une tendance différente de celle à laquelle
ils obéissaient auparavant.

Une nouvelle religion sociale s'est levée sur
le monde : celui-ci se considère d'un autre
œil qu'il ne faisait auparavant; les sociétés
humaines reportant sur elles-mêmes des
regards que mille causes en avaient détour-
nés, se voient sous d'autres rapports que
ceux qui les avaient encore frappées; elles
donnent aux mêmes choses une signification différente de celle qu'elles leur attri-
buaient; pour cela elles n'entendent pas les
détruire, comme tant de reproches le leur
attribuent, seulement elles leur assignent des

formes et des destinations différentes de celles qu'elles leur avaient laissées ou reconnues jusqu'ici.

Dans tout cela, il n'y a rien contre l'existence même des choses, l'extérieur seulement est atteint... Comme on voit, ce changement rentre dans l'ordre des révolutions morales, ou de principes; révolutions dont l'effet est toujours étendu, durable, et supérieur à ceux des révolutions que l'on pourrait appeler matérielles, telles que sont celles qui proviennent des guerres, et des autres moyens dont la politique seule est la source. Ces dernières ont des bornes nécessaires de temps et de lieu....

Au contraire, dans l'ordre moral, qui peut poser et assigner ces bornes ? Comment s'étaient formées les idées qui avaient déterminé l'ordre antérieur ? Pourquoi les nouvelles idées n'agiraient-elles pas avec une efficacité égale à celle qu'eurent les premières ? Qui a pu donner à tant de peuples divers les principes, les idées, l'existence morale qui les a tous régis également, quoique dans un ordre toujours différent... Ces premiers principes ont fait que des êtres, pourvus des

mêmes organes, ont toujours et uniformément vu tous les objets d'une manière différente? qui a pu faire ceux-ci si doux, ceux-là
si féroces, les uns si hardis, les autres si timides, quelques-uns réunis, quelques autres, comme dans l'Inde, séparés par des barrières insurmontables? presque tous sont
prêts à se séparer de la vie plutôt que de la
chaîne imposée par cette influence morale.
Quelquefois celle-ci a eu la puissance de trans-
porter tout-à-coup un peuple dans un autre
monde moral, de le faire passer de l'erreur
à la vérité, et même de chasser celle-ci de ses
anciens domaines : voyez l'Asie et l'Afrique,
passées des faux dieux au véritable, et du
véritable, au prophète des plus grossiers
mensonges, et allez dire aux habitans de ces
contrées, qne leur législateur fut un impos-
teur ridicule.

Il ne faut donc pas reprocher au monde
de courir après des constitutions imaginaires,
car il en veut de très-réelles ; il ne faut pas
gourmander les hommes comme s'écartant
des voies tracées par leurs pères ; ils les rec-
tifient, ils font à leur égard ce qu'ils ont fait
dans les sciences et dans les arts ; ils rétablis-

sent l'harmonie entre les anciennes institutions et les nouveaux principes, en comblant la distance qui les séparait : ils établissent la justice dans les relations des membres des sociétés entre eux, et dans celles des gouvernemens avec la société. Il serait douloureux d'entendre accuser le monde d'extravagance pour une chose aussi raisonnable. Il semble même que cette nouvelle folie est beaucoup moins folle que nombre d'anciennes sagesses dont on est fondé à juger peu favorablement d'après les traces qu'elles ont laissées sur ce même monde, qui a le bon sens de s'en détacher. Toutes ces imputations n'auraient-elles pas un sens caché; et que peut-être l'on ne s'avoue pas à soi-même, qui est celui-ci. *Vous me troublez dans mes jouissances,* c'est de cela seul qu'il s'agit.... Ce qui se passe aujourd'hui n'est pas nouveau, il est déjà arrivé mille fois. Où sont tous ces peuples, tous ces codes, toutes ces dynasties, tous ces sénats qui déjà ont régné sur le monde? Sortez un moment de vos tombeaux, vous tous qui autrefois avez couvert cette terre, votre antique apanage, qui aujourd'hui nous appartient, et dans laquelle nous dormirons à notre tour, ensevelis dans le même oubli. Dites-nous ce que vous faisiez quand vous étiez à notre place, qui vous avait réuni, formé, qui vous régissait, comment vous appeliez-vous?

Je regarde ce monde : mes yeux n'y rencontrent presque que la solitude. Quelques lisières vers l'occident et aux confins de l'Asie, sont seules occupées, le reste est vacant : il attend les races qui doivent le remplir; et parmi ces races mêmes si rares et comme errantes dans ces vastes espaces, combien encore s'en trouve-t-il de civilisées, depuis quel temps, et à quel degré?

Si rapprochant et resserrant ce tableau, nous recherchons ce qui s'est passé parmi nous depuis quinze cents ans, que trouverons-nous? les barbares et leurs barbares lois, leurs mœurs atroces et leur ignorance, mère légitime de ces tristes enfans; nous nageons encore comme au milieu du déluge des usages absurdes et grossiers dont ils ont déposé le limon sur le monde : nous sommes sans cesse occupés à déblayer le sol du dépôt qu'ils y ont laissé : nous rougissons du nom de nos instituteurs, nous travaillons à oublier ce qu'ils savaient, à apprendre ce qu'ils ignoraient; nous divisons le temps en trois âges : celui de barbarie, le moyen âge, et le nôtre éclairé de lumières plus pures.

Il y a à peine trois cents ans que nous faisions tourner le soleil autour de la terre ; tout ce qui siége au premier rang des docteurs de la loi, condamnait à un supplice honteux celui qui avait découvert cette grande loi de la nature; il n'y a guère que cent cinquante ans que les premiers tribunaux de France et les chefs de l'enseignement sacré, les parlemens et la Sorbonne, rivalisant de zèle et de lumières, lançaient toutes leurs foudres contre l'émétique et l'inoculation ; uue éclipse épouvantait l'univers... Aujourd'hui, à peine le peuple leur accorde-t-il un coup-d'œil.

La nature du mouvement qui s'opère est marquée de symptômes trop évidens, ses effets sont trop étendus comme trop rapides pour pouvoir s'y méprendre. C'est une réformation sociale complète, non point comme le veulent des détracteurs intéressés, une subversion de la société, mais au contraire un redressement de la société. C'est cette équivoque qui fait la lutte et le tumulte qui troublent l'Europe.

Les uns disent, nous continuons... Les autres répondent, examinons... Les uns disent
c'est un droit acquis; les autres répliquent,
a-t-il pu être acquis? d'un côté on allègue
l'usage, de l'autre la raison; ici, la prescrip-
tion est assignée; là, l'impossibilité de pres-
crire contre les droits de l'humanité et de la
société. Parmi les uns, l'humanité, l'homme
social est regardé comme un sujet de domination; parmi les autres, l'homme est
placé dans la société pour partager ses avantages et ses charges avec tous ses associés:
en un mot, c'est le contrat social qui est
remis en question d'un bout du monde à
l'autre. O Rousseau! génie le plus puissant
qui ait brillé dans l'humanité, tu as passé
la moitié de ta vie à parcourir le monde
sans savoir où reposer cette tête de laquelle
allait sortir sa règle; tu n'as pas occupé sur
la terre d'autre espace que celui que pouvaient couvrir tes pieds, et c'est à la clarté
du flambeau que tu as élevé au milieu de
lui que le monde s'est réveillé. Il n'en faut
point douter, le monde rétrograde évidemment du fait au droit, du désordre à l'ordre,
de l'irrégularité à la régularité, et de l'aban-

don de sa direction propre au soin d'y prendre part lui-même. Car c'est là toute la question ; loin de ce but se trouvent la violence ,
le désordre, le déchirement ensanglanté des
institutions, les sévices sur les personnes, les
spoliations des propriétés, l'expulsion des
anciens gouvernans : le midi de l'Europe vient
de donner la preuve du contraire, ces excès
appartiennent à d'autres temps et à d'autres
idées. C'est une injustice irréfléchie et barbare que celle qui compose un temps tout
entier des crimes de quelques jours univer-
sellement détestés. La révolution est une
scène en trois actes. Ses principes, ses guerres et ses divers gouvernemens. De tout cela
il ne reste que les principes proclamés en
1789. Mais il n'est pas rare de rencontrer
des hommes fixés comme par choix à 1793,
et qui de cette époque, comme d'une citadelle, lancent leurs anathêmes sur tout ce qui
a précédé et suivi 1793, et qui le suivra encore, comme si le temps entier se composait
de l'*an* d'horreurs 1793. On trouve encore des
personnes pour lesquelles Maximilien Robespierre est un point de départ, et une espèce
de type pour tout ce qui a existé depuis 1789,

et qui existera jusqu'à la consommation des siècles, comme si l'humanité se composait d'un seul homme. Autant vaudrait dire que la religion se compose de la Saint-Barthélemi, l'histoire de France de la Jacquerie, la réformation de l'Allemagne du sac de Magdebourg, et l'histoire d'Angleterre de la fin tragique des Stuarts.

Ecartons toutes ces inepties qui ne sont point exemptes de blasphême contre l'humanité; car l'humanité est aussi une religion qui a droit à beaucoup de respect.

Le monde a changé, il change, il changera encore : on peut qualifier sa marche comme l'on voudra, mais il faut savoir se résigner, et accepter le changement.

Mais quel en est le but? La réponse est simple; la fin des institutions discordantes avec l'état du monde. Il ne peut pas être à la fois de deux âges, comme l'homme ne peut être tout ensemble l'être de l'enfance et celui de la virilité : il ne peut pas être à la fois le monde des ténèbres et celui des lumières, le monde de la civilisation et celui de la barbarie, le monde des arts et celui de l'absence de l'industrie, le monde de la liberté et celui de l'esclavage, le monde de la philosophie et celui de la superstition, le monde du contrat social et celui de la Bastille, le monde de Montesquieu, de Rousseau, de Voltaire, de Mably, de Raynal, et celui des docteurs de l'école; le monde de l'imprimerie et celui des lentes transcriptions, ouvrage de la vie entière de quelques moines; le monde des muséum et des bibliothèques, et celui où toutes les bibliothèques de nos rois comptaient à peine quelques volumes et quelques tableaux informes; le monde de l'Amérique et celui dans lequel les trois parties du globe ne connaissaient pas leur quatrième sœur; le monde de la navigation, du commerce, des bourses, des dettes publiques, des grands chemins, des postes, du mélange des peuples par leurs communications habituelles, et le monde qui ignorait tous ces nouveaux moyens de l'existence sociale moderne; et pour compléter cette confrontation, le monde de la poudre à canon et celui des lances. Qu'il est plaisant de rencontrer dans ce nouveau monde tant d'hommes qui se croient encore habitans de l'ancien.

C'est donc par le renouvellement de la fa-

brique entière des sociétés que le mouvement actuel est poussé : qui pourra lui résister? Mais où tend-il? A régulariser l'ordre
social, à donner le calcul pour successeur
au hasard, à faire partir du sein même des
sociétés les principes destinés à les régir,
au lieu de les rattacher à des faits dont les
trois-quarts sont injustifiables ou bien inapplicables, ou bien encore à des titres trop
peu ou trop certains. Des archives remplies
par la seule main des hommes, vaste monument de violences ou de déceptions, on est
passé aux titres, qu'une main qui ne trompe
jamais, celle de la nature, a gravés en caractères ineffaçables dans des archives immor-
telles, le cœur de l'homme, son plus bel ouvrage; l'homme se repliant sur lui-même a
pu enfin s'interroger, et pour satisfaire au
désir immense de perfection qui vit en lui,
se demander qui il était, d'où il venait, où
il allait, et si placé au milieu de ses semblables, il ne partageait pas tous les droits de
la société que des facultés communes, et
des besoins égaux lui commandent de former.
Là, toutes les chaînes ont dû tomber; là, l'esclavage est rentré dans la nuit, et la société

s'est montrée. Mais comme la société ne peut se soutenir que par des lois fixes et sûres, aujourd'hui le monde veut que les lois ne soient plus l'ouvrage de la fantaisie, ou de la partialité, c'est-à-dire de quelques-uns sur tous ou contre tous; mais au contraire, il entend que faites pour le corps même de l'association, les lois aient pour but ce qu'elles ont pour principe même. C'est à cet effet que les sociétés modernes appliquent leurs lumières modernes. Ce sont des géomètres appliquant des méthodes nouvelles et plus exactes à l'évaluation des surfaces et des capacités; ce sont des astronomes lisant plus clairement et plus loin dans l'espace céleste, ce sont des navigateurs s'élevant à des hauteurs et parcourant l'Océan sur des citadelles ailées dont les anciens nochers n'avaient pas connaissance. L'Amérique en se révélant à l'ancien Monde ne l'a point détruit : seulement elle s'est comme ajoutée à lui, pour accroître sa richesse. Il en est de même ici : on redresse et on enrichit, on épure et on ajoute. En religion, on dégage de la superfétation engendrée par l'ignorance et par sa fille la superstition : qu'a-t-on détruit dans le corps même du temple ? On a fait pour la religion , ce qu'on a pratiqué pour les édifices religieux eux-mêmes, que l'on a déblayés de tous les accessoires gothiques qui souvent en obstruaient l'entrée. En morale, à quel principe de la société a-t-il été touché ? Je n'aperçois qu'une seule différence, c'est que les principes qui autrefois reposaient dans des asiles accessibles seulement à quelques-uns, aujourd'hui sont proclamés partout, et sont mis à la portée de tout le monde : l'homme sait mieux à la fois et ce qu'il fait, et pourquoi il doit le faire. Par un admirable privilége, la lumière, en chassant les ténèbres, a eu de plus le pouvoir de chasser le crime ; au même temps elle épurait les cœurs et les mœurs, car elle a débarrassé nos sociétés d'une foule de crimes grossiers, vils et brutaux, qu'admettait fort bien la barbare simplicité de nos pères : en respectant leurs cendres, gardons-nous de ressusciter leurs mœurs. En législation, qui comparerait nos codes aux anciens ? On ne ferait plus le *code noir,* on n'ordonnerait plus le combat judiciaire, on ne tenterait plus Dieu par les épreuves de l'eau et du feu, on ne prescrirait plus le duel ; Henri IV ne condamnerait plus aux galères celui qui aurait tué un cerf dans ses forêts : Louis XIV ne rendrait plus ses édits contre les protestans : il ne serait plus enjoint aux médecins de refuser les secours de leur art au malade qui, pour la seconde fois, aurait refusé ceux de *son curé.* On ne verra plus un infortuné condamné à passer trente ans sous un masque, entre les marques du plus grand respect, et l'assassin titré toujours prêt à le sacrifier, au premier signe qui indiquerait la connaissance du fatal secret qui couvrait la nuit de son existence. Aujourd'hui il n'est pas une autorité au monde qui se permît de pareils actes, et qui trouvât quelqu'un pour les soutenir. Que veut-on donc ? Régulariser, bannir l'arbitraire, assurer la liberté personnelle par l'affranchissement des sévices qui frappent sur les personnes, affermir la liberté intellectuelle par l'affranchissement des chaînes données à l'esprit pour l'empêcher d'agir, de s'étendre, de communiquer, et d'atteindre partout où il peut se porter ; assurer et surveiller l'emploi de l'argent donné librement, demander à qui s'en prendre en cas de dommages, ranger sous une loi commune tous ceux qui sont intéressés à la même chose, ouvrir toutes les routes à tous : voilà les élémens de cette réformation sociale qui se poursuit aujourd'hui partout, qui est la même en tout pays, de fait dans quelques-uns, *de vœux* dans tous, qui s'accommode de tous les modes de gouvernement, et qui ne demande pas à ceux qui existent de céder la place, mais seulement de se façonner d'une manière régulière, et analogue au temps actuel.... On pourrait dire qu'il en est des institutions de l'Europe, comme de ces villes dans lesquelles des édifices réguliers et des rues droites remplacent des maisons gothiques et des passages étroits, impénétrables à l'air et aux rayons du soleil; et pour terminer par un rapprochement plus à notre portée, on peut dire encore que tout ceci n'est que la comparaison de la *Cité avec la Chaussée d'Antin*... Laquelle des deux préférerez-vous pour demeure? Telles sont la nature et le terme de cette réformation. Mais réformer n'est pas détruire. L'Espagne, Naples, le Portugal, en fournissent la preuve sur une vaste échelle, et montrent, ô douleur! ce qui pouvait être fait en France.

L'ordre constitutionnel, mais un véritable ordre constitutionnel, c'est-à-dire celui qui est conforme aux vrais principes des associations humaines, est donc le but de l'enfantement que le monde éprouve en ce moment ; les uns s'en affligent, les autres en rient comme d'une chimère, beaucoup nous en accusent, tout cela ne change rien au fond des choses. Le monde change, parce qu'il veut être gouverné régulièrement ; il est las de l'arbitraire, de l'illégalité ; il a soif de la liberté régulière, de la justice régulière ; il est imbibé d'esprit géométriquement constitutionnel. D'après cet esprit, tout ce qui se fait doit pouvoir être prouvé, tout ce qui ne peut soutenir cette épreuve est rejeté comme par un mathématicien exact qui demande la raison de tout, et comme par un géomètre qui mesure avec une infaillible précision la direction, la longueur, et l'épaisseur des lignes. N'allez pas lui dire que les lignes droites sont des lignes courbes, non plus que des lignes courbes soient des lignes droites, comme on le lui a dit pendant long-temps ; car il voudra y regarder lui-même, et s'il y a erreur, il le verra, il le dira, il ne croira plus à votre science. Le monde, scrutateur nouveau, a mis en tête de ses dogmes, *plus d'infaillibilité présumée à personne, examen à tout, croyance aux choses, risée aux préjugés.* Il faut savoir s'arranger sur cela, car dorénavant on ne trouvera plus autre chose. Les esprits ont tous pris également cette direction : quel pouvoir au monde pourrait les en détourner? On peut bien ignorer long-temps : mais comment faire revenir à ignorer ce que l'on a connu une fois? Le don de la science ne peut pas plus être perdu que repris. La nature ne nous a pas donné à la fois toutes nos connaissances : mère tendre et prévoyante, elle eût craint d'écraser ses enfans sous le poids même du bienfait! Mais comment pourrait-elle reprendre aujourd'hui ce que sa main sagement économe nous a dispensé par degrés?

Qui pourrait nous faire oublier le nombre nouveau des planètes, les routes de l'Inde et de l'Amérique, l'art de reproduire l'éclat, la force, et la rapidité de la foudre; à quel pouvoir pourrait-il appartenir aujourd'hui d'anéantir un seul livre, un tableau, depuis l'introduction de cet art merveilleux destiné à perpétuer, à propager les monumens du génie, à rendre impérissable ce que, dans son absence, le temps dévorait chaque jour. Vous ne dormiriez pas inconnus dans vos tombeaux; vous ne seriez pas perdus pour l'humanité, génies, héros, arts, qui avez servi et embelli le monde, antérieurement à la découverte de cet art conservateur, s'il eût existé de votre temps, nous communiquerions aujourd'hui avec vous, nous jouirions de vos travaux, de vos produits, nous rendrions des hommages à votre mémoire. Mais la presse a manqué à votre immortalité. Le poëte a dit avec raison :

> *Vixêre fortes.*
> *Ante Agamemnona multi·*
> *Sed omnes illacrymabiles*
> *Carent quia vate sacro.*

Plus heureux que vous, l'immortalité peut appartenir à chacune de nos actions, à chacune de nos pensées, à chacune de nos productions, la presse est le gage de ce nouveau genre d'immortalité : pour détruire celui-ci, il faudrait détruire à la fois le monde et tous ses habitans, tout ce qu'il enserre, et tout ce qui s'agite à sa surface.

La presse a suffi pour changer la face du

monde. Elle a manqué à la rapidité de l'établissement du christianisme : servi comme il se trouva l'être par les plus beaux génies de son temps, à l'aide de ce puissant auxiliaire, il eût parcouru le monde avec une rapidité redoublée : la presse est le seul miracle qui lui ait manqué ; et puisque le mot de l'établissement du christianisme vient de s'offrir ici, voyez si ce qui se passe aujourd'hui n'est pas précisément ce qui se fit alors..... comme les idées changèrent tout-à-coup, comme les conquêtes s'enchaînèrent aux conquêtes ; comment, frappé au cœur par son adversaire, dans quelques siècles le paganisme se trouva, suivant la belle expression de Tertullien, réduit à ses seuls temples : et tout cela d'où provenait-il ? Du changement des idées ; comme on vit ensuite le mahometisme et le luthéranisme succéder à d'autres cultes.... Le paganisme était usé ; c'était une idée épuisée. Cicéron avait déclaré que deux augures ne pouvaient plus se regarder sans rire.... Le monde répondit à cet oracle du prince de l'éloquence romaine, en brisant les idoles, anciens objets de ses hommages : on vit se multiplier les Polyeuctes destructeurs de vains

et impuissans simulacres; tous ces dieux par-
fumés de tant d'encens descendirent de l'O-
lympe usurpé, le monde se trouva étonné de
sa propre crédulité. En vain les prêtres de
Jupiter embrassèrent leurs autels ébranlés,
en vain l'éloquence du préfet Symmaque dé-
fendit l'autel de la Victoire, en vain le génie
protecteur de Rome fut-il invoqué, et tous
les dieux révérés au Capitole pris à témoins,
et appelés au secours, il fallut finir et céder
à la religion qui s'était emparé de tous les esprits, et qui les remplissait de clartés nouvelles. A cette époque, comme de nos jours,
l'aristocratie religieuse du paganisme tonna,
éclata de mille manières, attribua à ses ennemis tous les maux de l'empire, rendit les *libéraux* chrétiens complices des dieux mal-
faisans, les traita de magiciens et de sorciers,
de propagateurs de dogmes abominables, de
sacrificateurs à des dieux adventices, ou dé-
testables; ils eurent beau dire, il fallut finir,
et au bout de quelque temps, du fond de
l'Asie aux rivages de la Gaule, de l'Egypte à
ceux d'Albion, le monde se trouva changé, et
il ne resta plus au culte détruit que ses monumens et ses souvenirs; Jupiter et Junon ne ré-

gnèrent plus que dans Homère et dans Virgile.

Nous assistons à un spectacle pareil. Tout l'ancien ordre social se démolit pièce à pièce : le renouvellement matériel est déjà effectué dans de vastes espaces : le renouvellement moral se fait apercevoir partout, et son effet naturel est de faire aspirer après l'adoption du premier : une nouvelle religion sociale s'est élevée en face de l'ancienne : elle a acquis la supériorité ; à force de gagner du terrain, elle a réduit son adversaire à une défensive dont le cercle se rétrécit tous les jours, tandis que le sien s'élargit, et lui laisse toute la liberté de ses mouvemens. Mais ici, comme au temps de la fin du paganisme, il ne s'agit pas de destruction, mais de modification, et de redressement ; en matière de culte, lorsque deux sont en présence, il ne peut y avoir qu'incompatibilité : l'exclusion de l'un est forcée : au lieu que dans le renouvellement actuel, non-seulement il y a compatibilité, mais encore le besoin de la conservation se fait ressentir.

D'après ce qu'écrivent certaines classes, on serait tenté de croire qu'elles n'ont jamais jeté les yeux sur le préambule d'aucun édit ; qu'elles n'ont jamais fait attention aux pa-

roles qui sortent de la bouche des princes,
toutes les fois qu'ils ont à parler au public.
Chacun de ces actes est un hommage rendu
à l'ordre constitutionnel, une reconnaissance
des principes qu'il consacre pour l'ordre social : car partout on lit l'ordre social, l'édifice social, les liens de la société, le bonheur,
la tranquillité de la société. Mais chacun de
ces mots est une constitution tout entière,
car il renferme et rappelle la reconnaissance
du principe fondamental de toute constitution, *la société*, l'avantage commun, et par
conséquent tous les droits dérivant de l'ordre
social. Quel prince dit jamais, pour *notre
avantage personnel*, pour *notre plaisir
personnel?* Par-là il se trouve que tandis
que des lâches, des flatteurs, des aveugles,
font des sociétés, des dominations au profit
de quelques-uns, ceux-ci plus éclairés, plus
justes, plus *hommes*, rapportent le pouvoir
dont ils sont investis au bien de l'association
à laquelle ils président, et reconnaissent ainsi
le contrat social pour guide : tant est grande
sa domination actuelle.

Oui, c'est lui qui règne aujourd'hui sur le
monde; c'est à lui, comme au centre com-

mun , que reviennent toutes les questions qui se traitent en ce moment, et toutes ces questions se réduisent à une seule, qui est la nature des sociétés, c'est-à-dire le contrat social... O vous! qui insultez si commodément à son auteur, au géant couché dans la poussière, s'il soulevait un moment la tête, cette tête sortie d'un atelier encore inconnu au monde, est-il un de vous qui soutînt un seul de ses regards?

La nature et la tendance du mouvement qui s'opère en ce moment sont donc parfaitement connues: c'est la réformation de l'ordre social par la connaissance et par l'application des principes de cet ordre : celui-ci exige la légalité, l'égalité, la publicité, la direction vers le bien de tous, et la fixité dans les règles destinées à diriger toute l'association. Les lois sont les moyens propres à entretenir cet ordre; sans elles on parlerait de celui-ci pendant cent ans, sans l'avoir en réalité pendant un seul jour, et derrière ces illusions on pourrait faire des sociétés un vrai jeu d'enfans, comme une dérision pour les malheureux patiens. Ici c'est tout le contraire : on veut que tout soit légal, coordonné, public;

on n'attache à ce vœu aucune idée de violence, ni de désordre : on a trop appris qu'on n'arrive pas au bien par le mal, comme l'a prouvé de reste l'exemple de la France : on a banni cette maxime impie, véritable prime d'encouragement pour les scélérats et pour les sots, *que l'excès du mal en est le remède.* On veut seulement le redressement des sociétés, ne plus dépendre du hasard et des caprices, et n'avoir pas sans cesse à attendre sa destinée de la force de la tête ou de la bonté du cœur de quelques hommes. On ne veut plus la tenir que des lois; cet ordre est établi généralement : le désirer pour soi, est aspirer à ne pas rester au-dessous de ses semblables, c'est se respecter soi-même, et répondre à la dignité de l'être auquel le Créateur, suivant l'admirable expression du poëte, a donné un regard fait pour s'élever jusqu'à lui, auquel il a ordonné de tenir ses yeux attachés sur le ciel.

Os homini sublime dedit, cœlumque tueri
Jussit et erectos ad sydera tollere vultus.

Dans cet état, l'être humain paraît beaucoup plus noble, beaucoup plus correspondant à la majesté de son auteur, à la dignité de son âme, à la grandeur de sa destination, qu'en abdiquant toutes ses facultés au pied de maîtres dont il consent à dépendre.

La réhabilitation de l'espèce humaine, l'immensité des biens qui doivent découler de cette restauration, est la plus honorable consolation, le plus noble dédommagement que l'on puisse offrir à ceux qui ont à souffrir du changement : il n'y a que cela digne d'esprits éclairés et de cœurs généreux. Malheureusement il est dans le cœur de l'homme, a dit Rousseau, de tenir aux priviléges individuels plus qu'à des avantages plus grands et plus généraux. Il n'y a qu'un patriotisme éclairé par l'expérience qui puisse apprendre à sacrifier, à de plus grands biens, un droit brillant devenu pernicieux par son abus, et dont cet abus est désormais inséparable.

Mais ce que l'on ne peut guère attendre de la seule raison, voyons si l'on peut l'obtenir de la nature des choses, et pour cela examinons, si le mouvement de réformation sociale peut être arrêté.

CHAPITRE VIII.

Le mouvement actuel de l'ordre social a-t-il pu être arrêté ?

———

A quel ordre appartient ce mouvement?

A l'ordre moral et intellectuel.

Cela suffit pour décider la question.

Un mouvement physique, comme tout ce qui tient au physique, a des bornes possibles, et même connues. Il peut rencontrer un point de résistance, capable de le contenir, ou de l'arrêter.

Mais un mouvement purement moral et intellectuel suit d'autres lois.

Comment faire oublier ce que l'on a vu, ce que l'on a connu, faire rejeter ce que l'on a préféré, faire préférer ce que l'on a rejeté, faire croire à ce qui a été démontré faux ?

Le monde moral est inattaquable. C'est un fort à l'abri de tous les coups.

On peut bien tirer des coups de fusil aux êtres physiques, aux hommes, les tuer, les enfermer, les torturer : cela n'arrive que trop fréquemment ! Mais on ne tire pas des coups de fusil aux idées (1) : où sont les prisons

---

(1) Un journal, peu renommé pour sa civilité, s'est permis de ces basses et grossières plaisanteries, qui lui sont familières, lorsque dans un autre écrit, j'ai employé cette expression. Elle n'est pas de moi. Elle appartient à Rivarol. Je ne la cite pas au tribunal de l'Académie : celle-ci relâcherait de sa sévérité dans les discussions politiques. Quand le monde lui-même est en question, le purisme n'est plus une affaire ; peindre, se faire bien entendre, pénétrer dans les esprits, et y rester, si l'on peut, voilà ce qu'exige la nature des affaires qui nous occupent. Ici le concours n'est pas ouvert pour les phrases et pour les mots, mais pour les affaires, il n'en fut jamais de plus sérieuses. Le prix appartiendra à qui les éclaircira le mieux, et leur ouvrira une meilleure issue.

Quand cette incivilité, et cette morgue aussi ridicules dans leur principe qu'incongrues dans leur expression auront-t-elles un terme ? Voyez avec quelle pédagogie dédaigneuse ces Trissotins se sont avisés de *tancer* M. Guizot, dont eux tous, réunis, ne sont pas en état de faire et peut-être même d'entendre une seule phrase....

pour les pensées et pour les vœux? La violence qui, dans l'ordre physique, a le pouvoir d'arrêter, dans l'ordre moral n'a d'autre
propriété que celle d'*ajouter*. Dans cet ordre,
le sang des persécutés deviendrait une semence, comme dans l'ordre de la religion,
le sang des martyrs devint une semence de
christianisme.

Quelle idée rétrograda jamais par la force?
Une idée s'efface avec le temps; elle cède à
une autre idée, et lui fait place, mais par l'effet
du temps, et d'une succession lente; mais elle
ne rétrograde pas: de même pour la rappeler
à la vie, il ne faudrait pas la rechercher hos-
tilement. Quelle science, quel art, depuis la
découverte de l'imprimerie, rebroussant sur
lui-même, vient se replacer dans le néant
d'où il est sorti. Par elle l'immortalité s'est
étendue, et comme identifiée avec tout ce
qui a eu l'être une fois : avec elle l'oubli est
une chose impossible. On ignore, on peut
rester ignorant, mais quand on est sorti de
l'ignorance, on n'y rentre plus.

Or, voici ce qui arrive de nos jours, sous
nos yeux, ce que chacun de nous fait, et contribue à faire, même malgré lui, et sans le

savoir. Il n'est personne qui, sans s'en douter, n'ajoute à cette action, et n'y porte pour ainsi dire son contingent.

De nouvelles idées se sont formées sur l'ordre social : elles se sont répandues, elles sont généralement acceptées; elles forment l'objet des discussions publiques, solennelles de la moitié de l'année pour plus de la moitié de la population européenne; elles font la lecture de l'autre moitié, le texte de toutes les conversations, de tous les écrits : dites, je vous prie, comment faire revenir sur ces mêmes idées, effacer leur souvenir, détruire les impressions qu'elles ont produites dans tous les esprits : pour moi je le cherche, et je ne sens point mon amour-propre humilié par l'aveu de ne pas le découvrir.

Les sociétés humaines ont été déclarées et reconnues destinées à former des associations pour le bonheur de tous les membres qui en font partie.

Quelle puissance pourrait faire revenir à l'idée de leur servitude et de leur existence, pour des intérêts privés? Les cieux eux-mêmes s'ouvriraient pour le proclamer, qu'on ne les

écouterait plus. Il a été déclaré que la justice privilégiée était une justice anti-sociale;
faites revenir à l'inégalité des peines dans les
mêmes sociétés, à la différence des tribunaux.
Il a été déclaré que les pouvoirs publics sont
des délégations de la société faites dans son
intérêt, que les agens de la société lui doivent compte, que les tributs doivent être con-
sentis par ceux qui les paient, que ceux-ci
peuvent en suivre l'emploi; que l'homme
peut communiquer librement avec le ciel,
sans avoir à rendre compte à qui que ce soit
de ce qui se passe entre Dieu et lui, pourvu
que dans cette communication il n'admette
rien de contraire à la morale gardienne des
sociétés. Comment de pareils principes une
fois introduits dans le monde peuvent-ils en
être bannis? comment les pratiques contraires encore admises à côté d'eux peuvent-elles
subsister sans contradiction? Comment fera-
t-on oublier aux hommes les principes, établis par le fait en tant de lieux, répandus partout par la discussion? Par quel effort de coac-
tion fera-t-on renoncer aux avantages de ces
principes là où ils sont en vigueur? empêchera-

t-on de soupirer après leur adoption, là où leur absence prive des avantages dont on les voit être la source chez les autres?

Si un événement, dont tout s'accorde à montrer l'impossibilité, opérait cependant cette rétrogradation, quelle en serait la suite, ainsi que la durée? Le voici... Les hommes avertis par ce malheur, sauraient bien prendre des mesures pour qu'il ne se renouvelât point. C'est à peu près tout ce qu'on aurait gagné. On ferait plutôt oublier aux hommes le chemin de l'Amérique, et les routes nouvelles par lesquelles leur œil se promène dans la voûte des cieux, qu'on ne les ramènerait de la connaissance pratique de ces principes à leur oubli pratique. Pour obtenir un pareil résultat, il faudrait anéantir le monde tel qu'il est, et recourir à une nouvelle création. Jusque-là, et heureusement rien n'annonce l'emploi de cette ressource, le monde ne peut manquer de s'avancer dans la route où il est entré. Rien ne pourra l'en détourner. Lions nos idées entre elles : le mal vient de ce qu'on les sépare, et de ce qu'on s'arrête à des parties dont on fait la règle et le type du tout.

Les révolutions ne se font point à une heure donnée et comme à la minute, mais elles s'opèrent par la réunion d'une multitude d'élémens, et de causes préexistantes, qui se développent et agissent à la fois, et qui étaient rassemblées de longue main. Les révolutions éclatent à l'heure de la maturité. C'est ainsi qu'à son tour et à son heure a apparu la révolution française : des hommes bien vides d'idées comme bien incapables d'observation, lui assignent pour causes une multitude de petits faits particuliers : pour les uns, c'est la suppression de la maison militaire du roi; pour les autres, celle des Jésuites : ceux-ci l'attribuent à M. Necker : ceux-là à la préférence donnée à M. de Maurepas sur M. de Machault, pour être ministre dirigeant à l'avènement de Louis XVI; on a entendu dire qu'avec le maréchal de Biron. et l'archevêque de Paris, Beaumont, on n'aurait pas eu la révolution. Rien ne serait plus amusant que de pareils jugemens, si rien n'était plus déplorable, comme sujet à servir souvent de règle à qui peut avoir à décider de ces intérêts qui exigent la plus haute sagacité dans ceux qui sont appelés à en devenir les arbitres.

La révolution française, on l'a démontré cent fois, date de 300 ans; elle provient de l'ensemble des changemens opérés depuis cette époque dans la totalité du monde moral, intellectuel, industriel, colonial, commercial. L'Assemblée constituante ne fut que le réservoir dans lequel toutes ces eaux éparses étaient venues se réunir : elle-même ne fut qu'un résultat : elle n'est à son tour devenue cause qu'à titre d'organe de ce monde renouvelé, qui, en l'entendant, lui répondit, *cela est vrai : ainsi suis-je fait, ainsi veux-je rester.* Mais si ce grand mouvement a été promu par les influences réunies de tout ce qui existait alors, n'est-il pas soutenu aujourd'hui par l'ensemble de ce qui a été créé depuis, comme par tout ce qui subsiste par le fait? Ce sont des choses inséparables, agissant l'une sur l'autre, et liées comme les effets le sont aux causes. Ainsi, le nouvel état du monde est maintenu de la même manière qu'il fut amené : voyez-le s'avancer au milieu du cortége des nouvelles mœurs, des nouveaux arts, des nouvelles relations, des nouvelles habitudes sociales, civiles, domestiques, qui l'environnent, qu'il a contribué à former, et qui, à leur tour, contribuent à le fortifier. Comme on voit, il y a ici action et réaction.

Parlons sans passion, et comme il serait à désirer qu'on le fît toujours; qu'a de commun aujourd'hui l'état de ministre, d'homme en place, de prêtre, de magistrat, de noble, de financier, de banquier, avec ce que nous avons vu tous ces états être avant la révolution : de quelque côté que je jette mes regards, je n'aperçois que des changemens : nos villes ont changé de face, nos habitations de même; nous ne parlons plus la même langue, nos formes sociales ne se ressemblent plus, nous ne nous reconnaîtrions plus sous les costumes que nous portions en 1789; en tout et partout le changement est complet, le monde antérieur à la révolution ressemble au monde qui l'a suivi, comme le monde anti-diluvien ressemblait à celui qui est venu après ce cataclisme; et pour prendre un exemple propre à rendre la chose sensible, je dirai qu'il y a plus loin de la monarchie française de 1820 à celle de 1789, que de celle de 1789 à la royauté de Hugues Capet; de même qu'il y a plus loin de l'Espagne du 10 mars 1820 à l'Espagne de 1814, que de celle-ci à l'Espagne de Charles-Quint. Une distance immense peut séparer le même homme de lui-même, comme on le voit en Ferdinand VII, qui, comme roi, est dans ce moment à une distance infinie du mode sous lequel il ouvrit son règne en 1814.

Par conséquent pour arrêter le mouvement actuel du monde, il faudrait arrêter le monde lui-même, bien plus le détruire, lui et tout ce qu'il enserre : car lui et tout ce qu'il renferme, sont autant de conducteurs de ce mouvement : et gardez-vous de croire qu'en l'arrêtant sur un point, vous aurez obtenu quelque résultat : vous n'aurez rien fait, tant que vous ne l'arrêterez point partout à la fois. Tant qu'il restera un grain, un seul grain de ce qui existe aujourd'hui, à chaque instant l'univers pourra s'en trouver rempli de nouveau. Dites, fût-il sans exemple qu'au temps de la lutte pour son établissement, l'extérieur du christianisme ne fût comme effacé en quelque lieux, et cependant ce culte vivait-il ? La réformation allemande n'a-t-elle pas subi dans quelques-unes de ses parties de ces échecs propres à la faire disparaître, et cependant a-t-elle prévalu ? Il en est de même ici; tant que l'univers ne s'accordera pas pour déclarer simultanément qu'il vaut mieux être gouverné arbitrairement que légalement, tant que l'univers entier ne se mettra point à déclarer qu'il vaut mieux être imposé à volonté que de consentir l'impôt, tant que l'ensemble des dogmes et des maximes pratiques dont se compose le mouvement de régénération ne sera pas abjuré, proscrit, anéanti à la fois dans tous les lieux, tant qu'il restera un seul homme qui en aura gardé le souvenir, et qui pourra le transmettre, il n'y aura rien de fait, et cet homme pourra devenir, et par le fait il deviendra de nouveau le législateur du monde; de nouveau l'univers entier l'écoutera, le suivra, et ce qu'il y a de plus, prendra ses mesures pour parer à un nouveau naufrage. Cet homme ressemblera à Noë, conservateur et père d'un nouveau genre humain. Ceci sort de la nature même des choses : c'est le caractère essentiel de toute moralité d'être indestructible, comme ces corps qui revivent sous le fer qui les mutile. Voyez, fermez à la fois toutes les tribunes de l'univers, ou laissez-les toutes ouvertes : une seule en peuplera le monde;

en 1789, celle du parlement d'Angleterre existait seule, et pour l'Angleterre seule : car, qui
lisait avant cette époque les débats parlemen-
taires; qui était initié dans cette science nouvelle, à quel degré l'était-il? Et aujourd'hui
elle est l'$a, b, c,$ de l'univers. J'insiste sur ce
point : il est capital dans la question, il est
tout; cet avis est entièrement de bienveillance
de ma part, et de cette espèce de bienveillance
qui naît de la crainte présente des malheurs
attachés à ces grandes méprises qui retombent
d'un poids accablant sur la malheureuse humanité.

Le mouvement actuel est donc soutenu
par l'ensemble de l'état du monde, et par la
civilisation tout entière; c'est là son vrai
point d'appui : elle présida à sa naissance, elle
garantit sa durée, comme elle veilla à ses premiers développemens, maintenant elle sert
de rempart aux effets déjà produits, et par
mille liens elle attache l'univers à son maintien. Dites, si de Cadix à Pétersbourg, de Londres à Astrakan, vous découvrez aujourd'hui
un seul mobile contraire à ce mouvement,
et si, au contraire, tous ne se montrent pas
envers lui comme des alliés secourables. Il y

a cent ans que dans ces mêmes espaces, tout était ennemi ou néant. A notre tour mettons la main sur notre propre conscience, interrogeons nos yeux, consultons nos goûts, écoutons notre esprit, et dans cette confrontation de tout notre être actuel avec ce qu'il était autrefois, cherchons s'il y a quelque chose qui nous réponde comme il l'eût fait il y a trente ans.

L'histoire ne retrace guères d'action générale qui n'ait éprouvé des vicissitudes de fortune, et dont la marche ait présenté une conformité parfaite d'accroissement et de succès. C'est ainsi que dans les combats, tous les corps ne marchent pas de front à la victoire. Je ne connais guères que le mahométisme qui, dans sa course, ait été exempt de grands revers. Il était donné au mouvement actuel de reproduire le même phénomène.

Trois époques ont présenté les apparences d'une rétrogradation plus ou moins probable; je dis les apparences, car la réalité n'existait pas.

Ces époques sont :

1° La 1re invasion, de 1792, par le duc de Brunswick;

2° Le règne de Napoléon;

3° Les invasions de 1814 et 1815.

La première occasion était de beaucoup la plus favorable. 1° L'arbre avait jeté des racines moins profondes ; 2° l'étendue manquait à l'application des principes : l'on n'était pas encore familiarisé avec eux, non plus qu'avec les innovations qui ont dû les suivre ; 3° mille liens attachaient encore aux anciennes classes, aux hommes existans, aux choses à peine effacées ; 4° les titulaires de tout étaient là ; 5° l'ancienne machine sociale et de gouvernement n'étaient pas encore brisée comme elle l'est dans ce temps ; 6° et ce qui est bien essentiel, les scènes qui venaient de se passer étaient si hideuses, les mains qui avaient saisi le pouvoir étaient si dégoûtantes de bassesse ou de crimes, qu'on pouvait confondre les choses mêmes dans l'horreur que les mobiles premiers inspiraient.... Par conséquent cette époque se trouvait dépourvue de mille soutiens qui se font remarquer aujourd'hui : et cependant tout cela encore eût été vain.

Qu'avec des bataillons plus nombreux, et moins lentement dirigés, M. le duc de Brunswick fût arrivé à Paris, comme il s'était proposé de le faire, eh bien avec ses baïonnettes, qu'aurait-il fait contre l'ordre moral qui avait prévalu en France? En supposant *même un pendu par municipalité*, comme l'écrivait, de *Coblentz*, un benin magistrat, ce qui du reste n'aurait jamais fait que *quarante-quatre mille pendus*, nombre bien petit sur vingt-huit millions d'hommes, que fût-il résulté contre le changement moral arrivé et établi en France? Le duc de Brunswick eût-il fait entendre entre eux le roi et son parlement sur l'article essentiel, sur le point générateur de toutes les querelles qui avaient donné ouverture à la révolution, *le pouvoir législatif en matière d'impôts?* Aurait-on fait oublier à la nation française les aveux d'impuissance à cet égard, faits également par le roi et par les cours supérieures? Après tout ce qui avait été dit à la tribune de France, sur l'essence et la distribution du pouvoir législatif, aurait-on refait des parlemens législateurs? Eh bien cet article seul annullait la contre-révolution de M. de Brunswick. A cette époque, comme dans celle-ci, il fallait s'entendre: que prétendait-on garder ou détruire dans ce qui avait été fait : la difficulté tout entière était là, comme elle y est

encore aujourd'hui. Entendait-on établir, ou
rétablir le droit législatif dans le monarque
seul? Combien de temps cela eût-il tenu,
après l'éducation faite depuis quatre ans?
Cela même n'avait pas pu prendre racine
avant la révolution, et il se fût maintenu après
C'est comme si l'on tentait aujourd'hui la même
entreprise. Continuons : aurait-on remis la
France au régime des trois ordres, des pays
d'état, des bailliages, des provinces séparées
par les douanes, de la féodalité, de la dîme, des
chapitres nobles, des nobles seuls admis au
commandement militaire; aurait-on fait pré-
férér la Bastille à l'emprisonnement légal, la
censure des écrits à la liberté de la presse, aurait-on recréé la considération de la totalité
des établissemens religieux dans toute l'étendue de l'ancienne hiérarchie : et cependant
cela était nécessaire, car hors de cet ensemble, le reste était de nulle valeur, et le mouvement de réformation subsistait et était lé-
galisé.

C'est à dessein que j'ai laissé à part toute la
partie de la révolution *utile* à ceux qui en
avaient profité; je n'excipe que de la difficulté de la rétrogradation morale sans la-

quelle il n'y avait rien de fait, et qui était défendue par les intérêts matériels : si la France avait continué de voir, et de vouloir les mêmes choses, quel moyen à la longue y avait-il de l'en empêcher, et une soustraction violente de tant d'objets de son affection, en faveur de beaucoup d'objets de son aversion, était-elle le moyen de consolider le changement? Remarquez que la révolution, résultat des principes que nous signalons, n'avait pu être empêchée, lorsque ses principes n'étaient encore que ceux du petit nombre, lorsqu'ils résidaient dans les classes supérieures, lorsqu'ils étaient encore comme confinés dans les livres, qu'ils n'étaient qu'écrits, qu'ils n'avaient pas été mis en pratique : et l'on eût opposé une digue à leurs effets lorsque les mêmes principes étaient devenus la langue commune à tout un peuple, lorsqu'ils avaient reçu la double sanction de la loi et des faits. Ah! cela est contre la possibilité morale, la plus puissante de toutes les forces.

C'est à quoi ne songent point ceux qui bâtissent des systèmes sur la seule force physique, c'est-à-dire sur la violence, qui ne calculent que sur des attaques à main armée, et qui

en dernière analyse finissent par tout rapporter à la force physique, comme si le monde
était son apanage, tandis qu'au contraire il
appartient à la force morale, qui, despote
légitime, universel, irrésistible, vit au milieu
du monde, et y commande comme dans son
empire naturel. Or, une grande partie de cette
force morale consiste à ne pouvoir oublier ce
que l'on a su une fois, à ne pouvoir préférer
ce que l'on a reconnu être inférieur ou nui-
sible; dans ce cas on se conduit dans l'ordre
moral, comme on le fait dans l'état ordinaire de la vie, où l'on n'a jamais vu donner
la préférence aux qualités inférieures sur les
supérieures.

Le mouvement imprimé par la révolution
renfermait donc en lui-même quelque chose
de supérieur et de survivant à l'attaque dont
il fut menacé en 1792 : cette attaque même
l'atteignait à peine dans son existence exté-
rieure, et nullement dans ses parties vitales
qui l'auraient renouvelé après l'écoulement
de ses ennemis.

L'histoire dira ce que cette attaque, mal
concertée dans le principe, mal conduite
dans l'exécution, a donné de force au mou-

vement qu'elle était destinée à réprimer : elle dira ce qu'elle a fourni de prétextes et d'excuses aux excès qui l'ont suivi, et ce que des menaces terribles, devenues ridicules à défaut d'exécution, ont pu produire de représailles terribles, et malheureusement trop réelles.

Ce qui trompe toujours ceux dont nous analysons les idées, est une transposition habituelle de jugement qui leur persuade que l'on peut faire *après*, comme on faisait *avant*, et que les hommes, après avoir ouvert les yeux à la lumière, sont dans l'état où ils se trouvaient avant d'en avoir été frappés, ils ne tiennent aucun compte du changement opéré parmi eux, et croient toujours avoir à faire aux mêmes hommes, pendant que ceux-ci sont tout-à-fait différens.

Voyons maintenant si Napoléon eût été plus puissant contre ce mouvement.

Qui dit Napoléon, dit pouvoir absolu, irrésistible, ascendant supérieur, domination de pouvoir et d'opinion. En effet, il fut grand ce pouvoir, et voici ce dont il se composait (1).

____

(1) Je parle historiquement : je connais mes de-

La plus grande gloire militaire, comme la plus grande singularité de génie, de langage, de fortune, de genre de vie, une espèce d'excentricité à l'état général et habituel de l'humanité, et tout cela à 30 ans. On serait très-fort à moins. Ajoutez, avoir tout recréé en France, et tout raffermi en Europe; avoir éteint l'anarchie en France, et avoir rendu à celle-ci un gouvernement dont elle manquait depuis long-temps; avoir rétabli le culte catholique en France; l'avoir débarrassé des contradictions dans cette contrée, et propagé dans d'autres par le libre exercice qu'il lui a fait accorder; avoir recréé en France l'état de la société par ses classifications d'hommes, par

---

voirs et les convenances; je ne crois pas aux revenans, je ne crains pas les fantômes, et je n'évoque pas les ombres.... Mais aussi je ne me détourne pas de mon chemin pour aucune considération de lâcheté ou de crainte : j'appelle par son nom ce qui se présente sous ma plume, et je ris de bon cœur de ces hommes qui, aujourd'hui, font tant de façons pour prononcer un nom que nous les avons vu articuler de fort bonne grâce.

Pardon, Lecteur, de vous arrêter sur de pareilles pauvretés; mais regardez à la malice du temps.

ses costumes, par ses broderies, et par l'éclat d'une cour éblouissante, que tant d'hommes distraits lui ont reproché comme une satisfaction d'orgueil personnel, tandis qu'elle n'était qu'une réintégration des formes sociales effacées depuis vingt ans, et un moyen de rapprocher des hommes séparés et divisés depuis long-temps.

Napoléon a refait les académies, et travaillait à compléter le Louvre.

Il a rétabli la haute royauté, celle qui porte le commandement sur les hommes au degré le plus élevé : par-là il avait replacé aux yeux du monde un modèle perdu : son pouvoir reflétait sur tous ceux de la même espèce, et cette considération a égaré Napoléon sur les dispositions de ses collègues en royauté, qu'il n'a jamais pu se déterminer à croire insensibles à ce qu'il faisait pour le pouvoir royal auquel ils étaient associés comme lui; eh bien! ce despote si haut, si redouté, si craintivement obéi, dont la main atteignait à la fois et si haut et si bas, ne pouvait rien contre le mouvement de son temps.... Il y a plus, c'est que c'était lui-même qui le poussait de toutes ses forces. Et ceci est fort curieux à

(133)

observer. *L'ère des gouvernemens représen-*
tatifs est arrivée, avait dit Napoléon, à
son premier retour d'Italie, en 1798, de-
vant le Directoire; cette déclaration était
bien dans l'ordre nouveau du monde : qu'a-
t-il été dit, fait, et établi par lui de contraire?
Rien, absolument rien. Les principes, les
établissemens, le langage, tout a été em-
prunté, adopté, et rapporté à ce nouvel ordre.
Une force immense, il est vrai, a été em-
ployée et a dû l'être, pour arrêter tout son
effet naturel, et c'est en cela qu'était le despotisme, et que celui-ci, en luttant contre
lui-même, étalait le plus misérable spectacle,
occupé comme il l'était de se combattre lui-
même, et d'arrêter l'effet des principes qu'il
reconnaissait, et sur lesquels il s'appuyait :
Napoléon avait laissé subsister la machine
entière du nouvel ordre, il y ajoutait chaque
jour, seulement il se défendait de ses effets.
Il était placé au centre d'une grande in-
conséquence. Son sénat, son corps législatif, son conseil d'état, appartenaient au
nouvel ordre, il en détournait l'effet vers
lui, et s'en défendait à force de moyens de
corruption et de compression ; mais tout

muets ou courbés qu'étaient ces corps, ils
n'étaient pas brisés : ils n'attendaient qu'une
occasion pour se relever; l'ont-ils saisie lorsqu'elle s'est présentée? Leur premier acte de
liberté n'a-t-il pas été pour reprendre l'indépendance, et pour renverser celui qui la
leur avait ravie, ou vendue chèrement? les
formes avaient été trop persévéremment serviles, il faut le reconnaître; mais le fond était
resté imprégné de cette sève indestructible
de liberté qui peut bien s'égarer, mais qui
ne meurt jamais dans les canaux où elle a
été reçue une fois. Le despotisme de Napoléon était une contradiction avec tous ses
établissemens : ceux-ci étaient tout de civilisation, et celui-là tout de force physique et
militaire : à côté et au moyen de son despotisme, il répandait cette civilisation à pleines
mains. Il couvrait tout de lycées et de musées;
il creusait des canaux, aplanissait les montagnes, élargissait et éclairait les rues : et c'est
avec la multiplication de tous ces instrumens
de civilisation qu'il eût arrêté un mouvement
provenant de la civilisation même. L'école
polytechnique toute seule eût fait avorter son
dessein : les routes du Simplon et du Mont-

Cenis étaient autant de protestations toujours subsistantes contre un projet pareil. Entendons-nous donc, et quand nous avons à parler de telles choses, sachons bien et leur nature et leurs conséquences, et ne mettons pas les unes en opposition avec les autres. Napoléon est peut-être l'homme de l'univers qui a été le plus civilisé, quoique pas toujours le plus civil : personne ne fut jamais moins despote par l'esprit, quoique personne ne l'ait jamais été davantage par le fait et par position ; jamais personne n'est entré plus avant dans la civilisation et ne l'a poussée plus activement. Cent fois il m'a dit : *Nous ne resterons pas toujours comme nous sommes, je vous donnerai des institutions ; mais nous conquérons : on ne fait point quand on marche, comme lorsqu'on est arrivé.* Je crois qu'en parlant ainsi, il exprimait sa pensée véritable, car il y avait en lui un fond de civilisation qui revivait sans cesse. Il ne se méprenait pas sur l'esprit de son temps.

Avec tout mon pouvoir, je ne pourrais pas faire tuer deux hommes en Europe, me disait-il, à Mayence, en 1804. Un attentat de cette nature, qu'il s'était permis, avait fait frémir l'Europe, et ce frémissement l'avait averti qu'elle était habitée par des hommes civilisés. Il a eu tout le temps de s'apercevoir du degré auquel cette civilisation était arrivée parmi eux, lorsqu'il les a tous rencontrés réunis sous les armes contre les excès de son despotisme, et lorsqu'abandonné par la France, fatiguée de ces mêmes excès, sur la dernière marche d'un trône naguère si élevé, il s'est vu réduit à dire : *ce n'est pas la coalition qui m'a détrôné, ce sont les idées libérales, c'est-à-dire la civilisation : je ne puis pas me relever, j'ai choqué les peuples.* Il n'était donc ni dans la nature de Napoléon, comme *homme,* ni dans celle de son pouvoir, comme *prince,* d'arrêter le mouvement du nouvel ordre social : au contraire, il le promouvait de mille manières.

Napoléon a été la grande victime de la civilisation, et l'exemple immortel de la défaite du despotisme par elle. Les invasions de 1814 et 1815 ne furent point des actes contre-révolutionnaires, tels que n'ont cessé de les invoquer et de les représenter des

hommes qui, depuis trente ans, ne rêvent
que la contre-révolution. Ce sont des actes
ordinaires de guerre défensive contre un ennemi qu'il fallait poursuivre jusque dans sa
capitale; pour se débarrasser de ses attaques,
il fallait commencer par se débarrasser de
lui-même. Voilà ce qui a attiré les étrangers
à Paris, et nullement le désir d'arrêter le
nouveau mouvement social. Loin de-là, les
alliés avaient une haute idée des choses de ce
temps, du danger d'y toucher : ils craignaient
même de s'avancer trop en changeant l'ordre
établi; on sait tout ce qu'il en coûta pour les
amener à une réintégration dont ils n'aper-
cevaient pas la stabilité (1), et leur esprit
était si peu tourné contre ce mouvement,
qu'ils jugèrent, en 1814, en 1815, et dans les
années subséquentes, que le gouvernement représentatif était à maintenir en France comme
la plus sûre garantie de son repos et de celui
des autres.

Mais allons plus loin, et cessant de nous

____

(1) Qui a assisté aux délibérations du 31 mars sait
cela.

appuyer seulement sur ce qui est, argumentons de ce qui aurait pu être, et pour cela supposons qu'au lieu d'un souverain, honneur du trône et de l'humanité, tel qu'est l'empereur Alexandre, Paris eût reçu dans ses murs un ancien czar de Moscovie, chef de Boyards, familiarisé avec les violens procédés du despotisme, enflé par une victoire d'un genre aussi neuf, croyant avoir pris la révolution comme en flagrant délit, et qui eût tenté de lui faire l'application rigoureuse des droits de la guerre, par la main des Cosaques... Sûrement c'est ici le cas extrême de la question.

Quel eût été le résultat? Le mouvement social eût-il été arrêté? Je suis loin de le croire. En mesurant le sujet sur lequel se fût exercé ce pouvoir coërcitif, en recherchant les fautes qu'il ne pouvait manquer de commettre, ainsi que ceux qui marchaient à sa suite et qu'il aurait réintégrés, en calculant la masse des intérêts froissés, et agissant en sens contraire, je n'aperçois qu'une augmentation, et une détonation terrible après un silence de quelques jours. Car voilà où l'on eût été trompé. On aurait pris quelques mo-

mens de stupeur et de crainte pour de l'anéan-
tissement; on aurait pris une obéissance contrainte pour un acquiescement volontaire, la
voix de quelques fonctionnaires, comme aujourd'hui, pour la voix du peuple, le repos
et le silence pour la mort; mais comme des
eaux forcées ont le pouvoir de percer à travers
les pores des tubes dans lesquels la compression les a fait entrer, de même le mouvement
que nous examinons eût repris son cours, et
le torrent refoulé se fût élancé de nouveau avec
une force redoublée. La raison en est simple.
Qu'aurait changé dans les idées cette compression transitoire? les mobiles du mouvement eussent-ils continué de subsister? La
question est là tout entière. Alors qu'aurait-
on gagné? En 1815, on a essayé législative-
ment d'y toucher : qu'est-il arrivé? au bout
de quelques mois, il a fallu rétrograder, et
se rembarquer de nouveau sur le torrent,
quoique d'une manière très-craintive. Si
l'on veut savoir pourquoi la France a sup-
porté avec tant de calme, et presque avec
indifférence la présence de l'ennemi, c'est
qu'elle n'a vu en lui qu'un ennemi matériel,
si l'on peut parler ainsi, et point un ennemi

moral, c'est que celui-ci, borné à occuper le sol, ne s'est pas occupé du tout de l'ordre social de la France.

L'opinion contraire à celle-ci tient à l'idée que le gouvernement matériel est tout, qu'avec lui on fait des hommes tout ce que l'on veut, et que tout consiste à se saisir de celui-ci, comme si le pouvoir matériel séparé du pouvoir moral suffisait. Ce que l'on voit faux, même en Turquie, où c'est le pouvoir moral qui maintient le pouvoir matériel, ce qui montre, il est vrai, une atrocité soutenue par une absurdité, mais qui est la vérité aux yeux des sujets de ce pouvoir. Là, comme partout, on ne pourrait faire servir les hommes au maintien de ce qu'ils sentent les blesser : là du moins le système est homogène, et quoiqu'on fasse mal, du moins ne se contredit-on pas, comme on le fait continuellement en Europe. Tout cela rentre dans le système de gouvernement imaginé par M. le vicomte de Châteaubriant, *sept hommes par département :* système aussi lumineux que respectueux pour l'humanité, et de plus infiniment flatteur pour le peuple français. Les

hommes, tels que l'auteur de ces nobles paroles, ne peuvent sortir du système, des *uns
pasteurs*, et des *autres troupeaux*.

L'homme qui a pu fabriquer une pareille
machine de gouvernement, à l'usage des
Français du 19ᵉ siècle, s'est par cela seul déclaré lui-même en *faillite* de toute aptitude
à gouverner les hommes.

Je le demande, et je prie qu'on réponde:
en 1814 et 1815, par qui, à l'exception de
ces gentilshommes brutalement ignorans qui
peuplent la France, eût-on fait déclarer qu'il
ne fallait pas de constitution, mais qu'un bon
despotisme, exercé par leurs mains, et tel
qu'il fut alors introduit en Espagne, et qu'ils
l'appelaient sur la France, était ce qui conve-
nait le mieux à ce pays. Par qui eût été maintenu ce bel ordre? Par les Français? Impossible.
Par les étrangers? Mais les armées étrangères
n'étaient-elles pas composées d'hommes qui
s'étaient insurgés contre le despotisme de Napoléon, qui eux-mêmes frémissaient d'avoir
été dénationalisés par lui, qui avaient forcé
les souverains à relever leur drapeau humilié
et abattu, et qui avaient reçu pour prix de

leur dévouement la promesse de voir établir chez eux ce qu'on leur aurait demandé de détruire chez les autres.

Je croirais manquer au respect dû au lecteur en poursuivant.

CHAPITRE IX.

Le Mouvement social peut-il être arrêté à l'avenir?

QUAND on n'a pu étouffer un enfant au berceau, peut-on le terrasser lorsque le développement de ses forces en a fait un géant? Voyez ce chêne altier : qui le déracinera lorsqu'on lui a donné le temps d'enfoncer ses pieds jusqu'aux enfers, et d'élever sa tête jusqu'aux cieux „il eût cédé sans effort, lorsque faible encore, il rampait sur la surface de la terre à côté de la semence dont il venait de rompre l'enveloppe : mais lorsque ses durs filamens resserrés sous la cuirasse d'une épaisse écorce, donnent à sa tige élancée et à ses longs bras la force de résister aux efforts de la tempête, et à son feuillage celle d'arrêter les rayons du soleil, alors il est trop tard pour l'attaquer autrement qu'avec le fer, alors c'est la coignée qui doit frapper son pied, ou l'action sourde et prolongée du temps qui doit ronger son sein, et joncher la terre de ses débris. Appliquons ce principe à la question actuelle, et comme les calculs et les recensemens sont les meilleurs moyens de fixer les idées, comptons.

Dans l'espace de trente ans, le renouvellement social a parcouru et rempli l'Europe et l'Amérique.

En 1788, il n'existait encore d'ordre régugulier, constitutionnel, et maintenu par des discussions publiques, que dans la seule Angleterre.

En 1789 cet ordre passe la mer, et s'établit en France.

Jusque-là il n'y avait encore eu qu'une tribune en Europe; en voilà deux, et la seconde vaut bien la première. Quelquefois une sœur cadette efface son aînée.

En 1820, au bout de trente-un ans, la Norwège, la Pologne, l'Angleterre, les Pays-Bas, la France, l'Espagne, le Portugal, Naples, Bade, le Wurtemberg, la Bavière, Darmstadt, se trouvent rangés sous l'ordre constitutionnel : *on délibère* partout où l'on *commandait* auparavant.

Ajoutons que l'Amérique, qui en 1789 était une colonie muette de l'Espagne, forme aujourd'hui plusieurs républiques très-parlantes, et nous devons les faire entrer dans ce calcul en raison des immenses relations qui unissent le nouveau Monde avec l'ancien, et de cette considération vont sortir trois vérités :

1° Que l'ordre constitutionnel a grandi de un à vingt;

2° Qu'il a l'immense majorité comme territoire et comme population;

3° Qu'au lieu d'une tribune, il y en a vingt, sur quoi il faut observer, 1° que l'on n'a pu résister à cette tribune unique de l'Angleterre, mère féconde de toutes les autres, la vraie *Cybèle* constitutionnelle du Nouveau-Monde social; 2° qu'il n'y avait alors en Europe que deux ou trois papiers publics; 3° que l'Angleterre seule soumise à des formes régulières de gouvernement, montrait chaque année le monarque rendant et reprenant alternativement la vie à des époques réglées, au corps copartageant avec lui de la souveraineté. Comparons cela avec ce qui existe aujourd'hui ; vingt tribunes au lieu d'une, cent papiers publics au lieu de quatre à six, vingt souverains imitant le roi d'Angleterre dans son rapprochement avec le grand conseil de la nation, et soumettant chaque année aux regards de la nation, par l'organe de leurs ministres, l'état des affaires publiques. Certes, le changement est grand, il a été rapide ; Epiménide après un sommeil de quelques siècles trouva le monde moins changé qu'il ne l'eût trouvé en 1820, s'il s'était borné à s'endormir en 1789.

Or, comment ferait-on repasser du nouvel ordre dans l'ancien : serait - ce par ceux qui y sont englobés ; mais comment? Sûrement ils n'en ont pas envie, comme peuple ; peut-être quelques membres des anciennes aristocraties y songent-ils? mais, qu'importe, où est leur pouvoir?

Serait-ce par les souverainetés qui sont encore hors du régime constitutionnel; qui sont-elles? J'en compte trois.

La Russie, la Prusse et l'Autriche.

La première participe à ce régime par la Pologne.

La seconde par la Hongrie.

La situation morale de la troisième est connue.

Ici même il faut distinguer entre l'action politique du gouvernement et la disposition morale des sujets. Le gouvernement n'est pas constitutionnel par le fait, et peut n'être pas porté d'intention à le devenir; mais il peut arriver que les sujets, pour la partie influente de la population, ne se trouvent pas dans la même disposition; on doit tenir compte de cette différence, comme obstacle au déploiement complet d'une opposition directe.

De plus, dans l'état actuel de l'Europe, l'aristocratie opposante au régime constitutionnel, est réduite aux aristocraties *française* et *allemande*. En voilà jusqu'à deux sur la face de la terre : voilà les seuls débris de ce grand corps qui couvrait le monde, et c'est avec ce *reliquat* qu'on soutiendrait le choc, bien mieux qu'on renverserait l'ensemble d'une institution généralement établie. L'Angleterre n'a qu'une aristocratie légale; l'Espagne, le Portugal, Naples, n'en ont plus d'aucune façon. Où donc sont placées les forces à opposer au mouvement so-

cial : je les cherche partout, je ne les trouve
nulle part. Au contraire, je les aperçois, je les
retrouve toutes dressées en sa faveur. Car je
vois que partout le monde préfère la liberté
à l'esclavage, la tolérance à l'intolérance, le
consentement de l'impôt à l'imposition arbitraire ; il y a de la folie à penser qu'il existe un
seul européen, que dis - je, un seul homme
au monde qui ne changeât son état de *non
constitutionnel contre celui de constitutionnel ;* voyez si l'on s'est fait prier à Madrid, à Naples, à Lisbonne, pour déposer l'ancien état et pour revêtir le nouveau ; il en
serait de même partout, si la même faculté
de choisir existait : si une pareille expérience
était de nature à être faite, même pour un
seul jour, on verrait de quel côté la population entière de l'Europe se tournerait. Le cas
n'est pas imaginaire. Le 31 décembre 1819,
l'Espagne ne possédait pas *un constitutionnel apparent ;* le 10 mars, depuis le prince
jusqu'au dernier des sujets, c'était à qui se
montrerait le plus fervent dans cette nouvelle
direction ; le 1er juillet même scène à Naples,
et le 15 septembre à Lisbonne.

Si l'induction tirée des similitudes existantes entre de grandes masses présente un fondement solide au jugement, on est fondé à conclure qu'il peut en être de même partout, et qu'il n'est point de peuple extra-constitutionnel, pour lequel l'ordre constitutionnel ne fût un motif d'acceptation très-prompt, et ne forme un objet très-actif d'*exvoto*.

Il n'existe donc plus de forces disponibles contre le mouvement de réformation, objet de cette analyse. Hommes et choses manquent à la fois. Le défendeur est plus fort que ne le serait le demandeur. Une partie des assaillans serait de cœur et d'intention avec les attaqués. Et puis, quel serait le but de cette attaque? Car c'est toujours là qu'il faut revenir. Arrêter une révolution morale et intellectuelle, telle que celle que nous décrivons, mais cela s'est-il jamais vu? L'arrêter dans un point, dans deux, ne serait pas la peine : l'arrêter dans tous, quel travail et quel bras pour une pareille entreprise. Celui d'Hercule lui-même y serait impuissant. Ici il faut encore observer deux choses :

1° Comment s'étaient maintenues les anciennes institutions, comment marchait la vieille Europe?

Par une conformité générale dans tous ses établissemens.

Ainsi la religion de la royauté, même dans des degrés inégaux de puissance, était la même, soutenue par des degrés correspondans de respects.

Ainsi de grands corps de clergé se soutenant entre eux, maintiennent la considération de la puissance ecclésiastique.

Ainsi tout le corps nobiliaire européen se soutenait par une possession commune des hauts rangs et des prérogatives de la société en tout pays ; les mêmes maximes, les mêmes lois, les mêmes usages établis et retracés partout, formaient de l'Europe sociale un corps compact, et une vraie république fédérative de mœurs, sur laquelle des nuances, plutôt que des discordances réelles, se faisaient remarquer. Mais au temps actuel, l'Europe est mi-parti de vieux et de neuf, tout est désaccord d'opinion. On ne pourrait donc pas faire avec cette Europe non-conformiste, ce qu'il entrait dans l'état de l'Europe conformiste, de faire avec la plus grande facilité. Tous ces corps dont la force propre était si grandement accrue par leurs similitudes, dans l'absence de celles-ci sont restés amincis et sans énergie. Leur isolement les a énervés, comme leur dépouillement les a délustrés. Parlons avec franchise; car il ne s'agit ici de blesser personne, que sont les cours, les nobles, le clergé, les tribunaux du temps présent auprès de ces grands corps descendant de la féodalité et de sa fille, l'antique aristocratie. Des *aristocrates sans cortège*, et pour parler vulgairement, *le parapluie sous le bras*, quelle pitié et quels appuis; par conséquent cette force provenant de la conformité qui appartenait jadis à l'Europe ne s'y retrouve plus, et il serait déplacé de calculer dans son absence, comme on avait pu le faire avec sa présence.

2° L'accroissement de la civilisation est dans les mœurs de la totalité de l'Europe et de l'univers : il est un besoin du pouvoir des princes, et cet accroissement forme l'obstacle à la répression du mouvement social.

Le monde est devenu une école d'enseignement mutuel entre toutes ses parties, une banque générale des mêmes goûts, des mêmes idées, des mêmes intérêts, affectant des sociétaires qui poursuivent un but commun, et la recherche de jouissances semblables,

rangés également sous une loi uniforme
d'existence sociale adoptée par tous. Dans cet
ordre général chacun travaille à améliorer
sa position ; de là cet effort commun vers une
prospérité croissante, qui se fait remarquer
dans les sciences, dans les arts de tous les pays,
dans le commerce et dans tous les élémens
de la vie sociale ; mais chacun de ces accrois-
semens particuliers porte en lui un germe
d'accroissement de civilisation : comme il
vient d'elle, il retourne aussi vers elle ; toute
civilisation tend à perfectionnement, tout perfectionnement à son tour tend à civilisation, et tous les deux à la régularité de l'ordre, c'est-à-dire à son amélioration ; et toute
amélioration de son côté devient exigeante
à l'égard de ceux qui l'ont subie, et les porte
vers un accroissement graduel : ceux-ci sont
supérieurs à ceux qui sont en dehors du
même mouvement ascendant ; ce qui, dans
ce cas, fait règle pour les individus, trouve
aussi son application à l'égard des états ; il
faut qu'ils se civilisent progressivement avec
leurs voisins pour ne pas leur rester inférieurs ; l'accroissement de la puissance exige
celle de la civilisation, il faut marcher à hau-

teur avec elle pour ne pas rester en arrière
en puissance. Pourquoi les Turcs et les Espagnols étaient-ils tombés au dernier degré
de la puissance politique, après avoir été
long-temps au premier? C'est qu'ils étaient
restés stationnaires pendant qu'autour d'eux
tout marchait. Mais cet accroissement provenant de la civilisation, est-il autre chose
qu'une progression croissante vers un ordre
régulier, ou constitutionnel? chaque difformité effacée, chaque adoption lumineuse ne
sont-elles pas autant de moyens de mieux
ressentir les avantages de cet ordre, et d'en
fa ciliter l'établissement? par conséquent le
princes en travaillant en vue du pouvoir, travaillent en réalité au profit de l'ordre constitutionnel. Cela se passe sous nos yeux d'une
manière sensible; les princes en général sont
éminemment civilisés; j'aime à leur payer
ce tribut, et chez moi il ne sera pas taxé de
flatterie. Une louable émulation de civilisation s'est établie parmi eux; on les voit travailler à l'envi à faire disparaître la rouille
antique, et à favoriser de meilleurs établissemens. A Naples beaucoup de choses avaient
été faites dans ce genre avant la révolution;

à Rome, le pape sous l'inspiration d'un ministre d'un ordre supérieur, le cardinal Gon-
salvi, a conduit les choses au bord de l'ordre
constitutionnel. Le roi de Saxe a ramené la
représentation à un ordre plus social ; par
le plus généreux élan de l'âme la plus remplie des principes de l'humanité, l'esclavage
à la voix de l'empereur Alexandre, a fui de
quelques - unes de ses provinces ; la Pologne
a été arrachée par lui à son antique ordre
sarmatiquement féodal, et rapprochée du
corps social européen ; partout dans son vaste
empire, les académies, les muséum, les
bourses de commerce, et tous les établissemens de la civilisation moderne s'élèvent et
se multiplient ; il est tout ouvert à la civilisation ce pays dont la barbarie sous le knout
des Czars tenait seule la clef, il y a à peine cent
ans ; mais cette masse de civilisation intro-
duite est-elle autre chose que de l'aptitude à
l'ordre constitutionnel ; elle fait le *lit* à venir
de cet ordre, qui, avec son appui et celui du
temps, cessera de rencontrer des obstacles
pour son établissement dans les contrées où
son nom même n'avait jamais pénétré. Les

voyageurs et les livres sont à cet ordre ce que les oiseaux et le souffle des vents sont de leur côté pour la dissémination des germes des plantes qui couvrent la terre. Le commerce est aussi un puissant véhicule de cette influence, il est au nombre des premiers besoins des Etats; pour se soutenir, il a besoin de l'univers, borné il n'est plus rien, son esprit est la liberté, sa garantie est la régularité des gouvernemens, son âme est le crédit, l'élément de celui-ci est la foi, fille de l'ordre constitutionnel; par conséquent, pour avoir du commerce, il faut s'avancer vers l'ordre constitutionnel, et plus on se rapprochera de lui, plus on acquérera en élémens de ce commerce, qui est aujourd'hui le but des travaux du monde, et le fondement du pouvoir des Etats. Pour se passer de la civilisation, il faudrait donc se passer du commerce, et au pouvoir de quel prince est-il de le faire? Il faut ajouter à ces mobiles ceux des voyages, qui entrent aujourd'hui dans l'éducation d'une partie des Européens, et les relations de toute nature formées entre eux par le nouvel ordre social. Or voyager et communiquer avec d'autres , n'est que comparer, et comparer n'est que préférer. Comme on voit, tout ceci est un enchaînement de principes et de conséquences qui se tiennent, dont le premier anneau conduit au dernier, et qui dans un résultat uniforme et infaillible aboutit à l'ordre constitutionnel. Je dirai donc à ceux qui parlent sans cesse de l'opposition active de quelques gouvernemens au mouvement actuel, sortez du monde tel qu'il est, élevez un mur de séparation entre vous et lui; renoncez au commerce, à la puissance, à l'instruction, aux jouissances des arts, à la vie de l'Europe ; vivez comme dans une île inaccessible, comme des stilites au haut d'une colonne, et dans cet isolement absolu, essayez de vous soustraire à l'invasion du mouvement qui entraîne le monde; à la bonne heure, je vous entends, là encore, si vous n'êtes pas à l'abri de ses atteintes, du moins vous le serez de tout reproche de contradiction avec vous-même ; mais tant que vous serez liés à l'Europe constitutionnelle, savante, commerciale, coloniale, politique et raisonneuse, en parlant d'arrêter ce mou-

vement, vous ne proférerez qu'un vain mot,
qu'une distance immense séparera toujours
de ce qu'il présente à ce qu'il *renferme en
réalité.*

CHAPITRE X.

Que faut-il faire ?

DEMANDEZ-LE au restaurateur de Bizance, au fondateur du Bas-Empire. Quand il vit le monde de son temps devenu chrétien, que fit Constantin? Resta-t-il païen? non, il se rangea sous la croix devenue le nouvel étendard de l'univers, et le salut de l'Etat fut son véritable *labarum*. Il arbora sur sa couronne le signe qui prévalait sur la terre; des hommes pieux, mais sans lumières, ont fait de belles dissertations pour prouver que ce prince l'avait vu distinctement dans les cieux; oui, ces cieux étaient sa politique. Recherchez ce que ce prince fût devenu, si, s'établissant en opposition directe avec l'état de l'empire, au lieu de s'attacher aux nouveaux autels, il se fût cramponné aux autels croulans du paganisme, et s'il eût fait la tentative insensée de régir avec la partie restée païenne, la presque totalité devenue chrétienne. Dans ce temps le christianisme était comme dans l'air que l'on respirait, toute autre affaire avait disparu devant celle-là : l'impulsion était devenue irrésistible ; Constantin la jugea, et d'un trait de génie, il sauva à la fois l'empire et lui-même. Voyez ce qu'est devenu Julien, prince d'un génie d'ailleurs bien supérieur, et où il menait l'empire pour avoir voulu rebrousser chemin dans l'ordre établi par Constantin. C'est ainsi qu'à de grandes distances de temps et de lieux, on a vu un autre génie immense, Pierre Ier, déserter l'antique Barbarie sarmate, pour embrasser la civilisation européenne, afin que par ce changement moral, son empire se fît du monde de l'Europe, et cessât de n'être que de celui de l'Asie. La conversion de Pierre à la civilisation a fait pour lui et pour son empire ce que la conversion de Constantin opéra alors pour lui et pour ses vastes Etats. Les écrivains ecclésiastiques n'ont vu dans ce prince que le néophyte chrétien, le grand côté de son changement leur a tout-à-fait échappé.

Maintenant, passons à l'application. Voyons, comparons. L'ordre constitutionnel prévaut-il dans le monde? Est-il le plus fort en étendue, en population, en talens, en ardeur de vœux; est-ce vers lui que l'on tend? Se fait-on sujet de l'arbitraire, ou de cet ordre; repasse-t-on de lui à l'arbitraire; de quel côté va le monde, et de quoi s'occupe-t-il? Là se trouvent les vrais élémens de la décision.

Quand on n'est pas le plus fort, que faut-il faire? se rapprocher, quand on ne peut plus se battre. Que faut-il faire encore? pactiser. Il est trop tard, l'heure est passée, pour s'opposer désormais avec fruit et avec raison. Voyez, quand on était le plus fort, quand on était réuni, et comme en masse, on n'a pas pu; toutes les tentatives n'ont avancé de rien. Elles ont plutôt pressé que retenu, elles ont plus ajouté que retranché. Mesurez leur accroissement depuis 1814, et surtout depuis Carlsbad; on dirait qu'un malin génie s'est amusé à déjouer et à tourner en sens contraire tout ce que l'on se proposait de faire. Peut-on nier une seule syllabe de cet exposé, et, s'il est bien constant, bien subsistant, peut-on n'être pas amené à conclure que, si tout ce que l'on

a fait jusqu'ici n'a servi à rien, il faut chercher autre chose. L'esprit humain est faux, si
cette conséquence n'est pas juste.

Maintenant, quelle peut être cette chose?
Celle-là seule qui, par sa généralité, est capable
de répondre à l'état même du monde; car c'est
lui qui est le sujet de la maladie qui nous
tourmente, et cette maladie est la *non-conformité* qui sépare l'Europe en deux parties,
l'Europe de l'Amérique, et toutes les sociétés
entre elles. La question se trouve donc ainsi
posée. Le monde peut-il rester *non-conformiste?* Quel est le remède à ce mal? Et,
en nous rapprochant de nous-mêmes, l'Europe peut-elle rester partagée en deux zones
contradictoires, et par conséquent ennemies,
toujours en ombrage l'une contre l'autre?
Est-ce bien l'état actuel, y en a-t-il eu un autre depuis 1789. Tranchons le mot : je crois
parler à des hommes d'un esprit assez ferme
pour soutenir l'aspect d'une vérité fâcheuse.
Depuis 1789 y a-t-il eu un moment de paix
véritable en Europe? Assurément non. Depuis 1789, princes, ministres, particuliers,
ensemble ou séparément, ont-ils montré
un seul homme heureux, tranquille, pou-

vant vaquer sans réserve à sa chose propre, et agir en dehors du mouvement général et indépendamment de lui? Assurément non. Cela est également vrai pour tous en général, et pour chacun en particulier, suivant sa mesure et sa sphère propre. Nous sommes tous également comme des passagers à bord du même vaisseau, obligés de suivre sa marche. Cette préoccupation, ce tiraillement, vont-ils en finissant, promettent-ils de s'arrêter, sont-ils de nature à s'arrêter? Assurément non; au contraire, on les voit croître chaque jour, et le lendemain ajoute aux embarras de la veille. Peut-on se condamner à vivre dans cet état? On ne le conseillerait à personne, pas même à son plus grand ennemi, à plus forte raison quand on n'est inspiré que par un sentiment de bienveillance pour tout le monde. Serait-on maître d'y rester comme stationnaire? Assurément non; car il s'agit ici d'ordre moral, et de comparaison d'une manière d'être avec une autre. Pareilles choses n'ont ni bornes ni point d'arrêt, tout cela va tout seul, et jusqu'au bout. Au seizième siè-cle, qui pouvait s'isoler tout-à-fait des que-relles religieuses; aux dix-septième et dix-huitième, des misérables disputes du jansénisme? et qu'étaient ces questions, auprès de celles qui se traitent aujourd'hui? Que faut-il donc faire, pour se soustraire à un travail dont on ne peut mesurer les degrés de douleur, ainsi que l'étendue des souffrances qu'il fait ressentir à tout le monde? Imiter Constantin, se faire constitutionnel comme il se fit chrétien, et par-là réunir les parties divisées et ennemies du monde. De là naîtra une conformité qui absorbera toutes les causes des troubles actuels. Mais, pour que cette conformité ait tout son effet de pacification, il faut qu'elle s'étende à tout, hommes et choses, Europe et Amérique. Celles-ci sont unies par tant de rapports, qu'on ne sait plus laquelle des deux est la métropole ou la succursale. Pour jouir des bénéfices de cette uniformité pacificatrice, il faut que les principes élémentaires soient reconnus et établis uniformément. Imagine-t-on une paix possible avec la discorde, sur ces points capitaux? Ainsi, dans un pays, la libre concession de l'impôt est déclarée, reconnue comme principe fondamental de l'ordre social. A côté, la taxation non consentie sera la loi.

Les esprits resteront-ils tranquilles entre *le
vote* et *l'ordre du cabinet?* L'organisation
sociale sera l'objet de toutes les spéculations
et de toutes les conversations, comme la ré-
ligion l'était au sixième siècle, et comme la
révolution le fut en Angleterre pendant tout
le dix-septième. Les principes resteront flot-
tans, contradictoirement appliqués dans des
contrées voisines, et appuyés partout. Et l'on
sera tranquille! l'esprit sera le plus fortement
excité, et tout cela aboutira au repos : cela
se conçoit-il? Je vais citer un exemple, il mérite d'être pris en considération. Le point capital de toute association humaine est le droit
de la constituer. Cela est incontestable : c'est
la première question du contrat social, c'est
la clef de la voûte de tout l'édifice social. Mais,
à qui appartient-il de le faire? Ici commence
la division pratique d'un bout de l'Europe à
l'autre; les états constitués anciennement ou
récemment n'offrent que des discordances
à cet égard. L'Angleterre, le royaume des
Pays-Bas, la France, l'Allemagne, l'Espagne,
l'Italie, sont *non-conformistes* sur ce point
fondamental. Là, le prince et le peuple ont
concouru ensemble; ici, chacun d'eux a agi

seul, à l'exclusion de l'autre. Ailleurs, le peuple a mis le roi hors de la législation et de la confection de la constitution; plus loin, c'est le roi qui a mis le peuple hors de cette même confection : en d'autres lieux on a vu le prince revenir de l'exclusion du peuple de l'acte constitutif, à son association avec lui pour le même acte : de bonne foi, peut-on attendre la paix d'une discorde aussi formelle, aussi tranchante, aussi multipliée sur des articles de cette importance? Il en est de même en tout... Par exemple : d'un bout à l'autre de l'Europe on discute sur les moyens d'assurer la liberté individuelle; elle est garantie plus ou moins bien par des institutions dans les pays constitués; et à côté de ces pays, un ordre de cabinet fait enlever, enfermer, fouiller les papiers. On lit à la suite des discussions sur la liberté individuelle en France, en Angleterre, en Allemagne, en Espagne, en Italie : le professeur N.... a été enlevé, conduit dans telle forteresse; on espère que sa femme aura la permission de le voir; on a saisi ses papiers; on dit qu'ils ne renferment rien de propre à le compromettre. Cela dure pendant plusieurs années, au bout desquelles on lit de nou-

veau : le professeur est toujours dans la forteresse N....; on ne sait quand il sera jugé,
s'il le sera ; quand il sortira, s'il sortira : du
reste, ceux qui disaient qu'il était resserré
étroitement, étaient mal informés, car il a la
liberté de se promener jusque sur les remparts. Laissons à part le fonds du traitement
du captif, qui ne fait rien à la question présente, pour ne nous occuper que du contraste et de ses suites, dans l'esprit des hommes qui assistent à la fois à deux spectacles
aussi contradictoires. Multipliez ce même
effet par le nombre des contradictions qui
suivent nécessairement de l'opposition des
deux régimes qui se partagent l'Europe; c'est-
à-dire de la *non-conformité ;* et prononcez
si dans cet état de choc et de contradiction
sur tous les points, quelque repos peut lui
appartenir.

L'accumulation des faits a amené les choses
à un point qui exige une explication immédiate, franche, correcte et uniforme ; qui, en
nous apprenant enfin où nous en sommes,
nous rendra le calme dont nous sommes privés depuis si long-temps, et sans laquelle il
continuera de fuir loin de nous.

La position actuelle est toute nouvelle ; le monde n'a encore rien vu de pareil : il faut donc pour répondre à du neuf, faire aussi du neuf ; sans cela on ne s'entendra pas. On a pu *continuer* lorsque les choses étaient entières, ou seulement entamées dans quelques lieux ; alors il y avait *conformité*, et les masses étaient uniformes ; elles se touchaient sans se choquer ; mais dans le temps actuel, tout est *difformité*, opposition, par conséquent, principes de trouble et de discorde. Les masses sont partagées en divisions contradictoires, et par-là même toujours prêtes à devenir contraires les unes aux autres. Le changement est donc complet ; il est de la plus grande et plus frappante gravité : il faut s'en occuper sous peine des plus grands dommages.

Quand l'Europe est remplie de tribunes, quand, depuis Naples et Cadix jusqu'à Londres et Varsovie, tout retentit de discussions sur les principes de l'ordre social, il serait possible que dans la partie muette et silencieuse de l'Europe, celle où la loi ferme la bouche aux citoyens, mais ne peut leur fermer ni les yeux ni les oreilles, on ne s'occupât point de ces graves discussions, qu'on ne se réunît pas en esprit et en vœux avec les délibérans de tous les autres pays : on le fait, n'en doutons pas, on le fait avec ce redoublement de force et de volupté qu'irrite et fait savourer le plaisir de triompher de la contrainte.

J'insiste sur ce point à cause de sa gravité : je ne puis comprendre comment vivra en paix une grande contrée telle que l'Europe, avec une divergence d'opinion qui fait que dans une moitié les associations humaines seront considérées comme des sociétés formées pour le bonheur commun de tous leurs membres, régies par des lois émanées d'elles, et que dans l'autre moitié, ces mêmes sociétés seront considérées comme des dominations exercées par un seul, faisant seul la loi pour tous, sur tous, et par tous. On sent qu'il est temps de s'entendre enfin sur ces graves questions, et de les définir d'une manière fixe et uniforme. Il ne peut pas plus y avoir deux Europes de sociabilité que deux Europes de religion. L'Europe eut-elle pu rester moitié païenne et moitié chrétienne ? voilà la question véritable.... On a dit *la république européenne*, en politique et en sociabilité, comme on a dit *la république des lettres :* cela voulait dire seulement *l'Europe conformiste.* On ne pourrait plus se servir de la même locution, grâces à la division qui existe partout; et cependant pour ramener l'ancienne paix, il faut ramener les anciens principes de conformité qui avaient créé cette qualification; autrement il en sera de l'Europe comme de la France, dans laquelle on est si bien divisé sur les principes élémentaires de l'existence sociale, qu'on a fini par ne plus s'entendre sur rien.

Mais ce n'est pas tout que d'arranger les affaires de l'Europe, on n'aura rien fait si l'on ne s'entend pas sur l'immense affaire de l'Amérique et des colonies : là, de nouveau la conformité est indispensable. C'est une risée véritable que cette suspension de la reconnaissance de l'état d'un monde entier par un autre monde; il faut enfin arriver à une solution, et que celle-ci soit uniforme. L'Amérique peut-elle être à moitié de l'Europe et à moitié de l'Amérique? à moitié royaliste d'Europe et à moitié républicaine d'Amérique? reconnue par une moitié de l'Europe et méconnue par l'autre moitié? à moitié ouverte et fermée au

commerce libre? Quel imbroglio! une décision uniforme peut seule mettre ordre à tous
ces embarras et consolider la paix. Jusqu'à ce
jour, ces grands intérêts ont été comme délaissés ou subordonnés à mille considérations
secondaires; mais le mal est devenu trop grave
et la nécessité trop pressante pour se rejeter
encore dans de commodes ajournemens, qui
ont jusqu'ici formé le seul travail connu sur
cet important objet. On le voit, l'Amérique,
pour avoir été dévastée par l'Espagne, et abandonnée aux directions du hasard par l'Europe, a fini par prendre une direction tout-
à-fait contraire aux intérêts de cette contrée.

Depuis plusieurs années je ne cesse pas de
recommander de s'occuper de l'Amérique; le
pouvoir n'a encore répondu que par de l'insouciance, et ceux qui veulent se faire passer
pour ses défenseurs exclusifs, par des insultes;
mais comme se taire et crier ne font également rien en affaires, l'Amérique a continué
sa course; il y a plus, c'est elle, par la guerre
qu'on lui a faite, qui a produit la révolution
d'Espagne : elle s'est vengée de ceux qui portaient la dévastation chez elle, en portant la
révolution chez eux! Noble et heureuse ven-

geance, par laquelle elle a porté la liberté à ceux qui venaient lui porter des fers. Toutes les fois que j'ai parlé de l'Amérique, je n'ai entendu répondre par une classe d'hommes et d'écrivains, que ces mots : ce sont *des rebelles*, *des brigands*, *des révolutionnaires*, et, qui pis est, *des libéraux*. Étrange manière de traiter de pareilles questions ! tandis que l'état de cette Europe qui vit d'industrie dépend de la manière d'être qu'adoptera l'Amérique. L'avenir très-prochain de l'Europe est en Amérique, et ceci mérite bien qu'on s'en occupe. Tous les principes de l'ordre colonial sont changés ; c'est une question à refaire en totalité.

La possession coloniale est plus à charge que profitable ; l'exclusif est aussi absurde qu'impossible.

L'Europe fabricante n'a plus d'autre intérêt que celui de faire consommer davantage à l'Amérique et aux colonies, et pour cela elle doit tendre à les faire prospérer ; mais ces moyens de prospérité ne peuvent être que les deux suivans :

1°. Les rendre libres ;

2°. Les régulariser, c'est-à-dire les aider à

former des institutions. En ceci l'Amérique participe à l'état de l'Europe, qui de son côté a besoin de former son établissement définitif; et toutes les deux ont également à désirer d'arriver le plus promptement possible à ce résultat, en abrégeant le passage du désordre à l'ordre. Le changement étant inévitable, de part et d'autre il n'y a plus qu'un intérêt et qu'un art, celui de l'adoucir et de l'abréger. Quand l'heure des sacrifices est arrivée, il faut savoir les faire avec plénitude, alacrité et bonne grâce : il n'y a que de petits esprits qui s'y décident tard, qui les font de mauvaise grâce, et de manière à chasser la confiance et à en perdre le mérite.

CHAPITRE XI.

De l'Ordre constitutionnel définitif.

————

CE titre pourra paraître nouveau. Aussi demandé-je qu'on veuille bien aller jusqu'au bout de cet article avant de le juger. Il est naturel de désirer d'être entendu avant d'être condamné. De quoi s'agit-il ici? 1° d'une chose d'ordre moral, par conséquent susceptible d'une grande variété de combinaisons, et d'une étendue indéfinie. C'est la propriété des choses de cet ordre. 2° D'une chose du plus grand intérêt pour chacun, c'est-à-dire d'être bien, ou mieux, ou mal, ou plus mal. Mais l'humanité entière aspire à revenir du mal extrême au moindre mal, et du bien au mieux; le cœur et l'esprit de l'homme qui également ne se reposent jamais, sont dans un mouvement continuel de tendance vers le mieux. L'un le désire, l'autre comme un serviteur fidèle en recherche les moyens; le

genre humain cherche la progression ascen-
dante comme l'eau cherche son niveau. Chacun voit, examine, compare ce qui existe
chez les autres, et tend à se l'approprier, à
le substituer à ce qu'il y a de moins parfait
chez lui-même : toutes les richesses morales de
l'humanité forment un fonds commun où
chacun aspire à puiser, fonds immense, iné-
puisable, qui s'étend par l'usage au lieu de se dé-
tériorer, et qu'aggrandissent les mains mêmes
qui viennent s'y remplr. Ainsi les arts, les
sciences d'une contrée vivent des emprunts
faits aux arts, aux sciences de tout l'univers,
elles s'étendent, se fortifient, et s'épurent les
unes par les autres. Le même commerce
existe avec les mêmes effets dans toute la
série de l'ordre moral. On ne conçoit pas
comment on pourrait empêcher les hommes
de voir, de désirer, d'adopter ce qui existe de
meilleur chez les autres. Dès qu'un peuple
fut parvenu à construire un vaisseau de 100
canons, au pouvoir de qui pouvait-il être d'empêcher les autres d'en bâtir du même échan-
tillon, et quel rang eussent-ils tenu dans l'ordre de la puissance, en se bornant aux faibles
moyens de l'ancienne navigation.

Mais plus l'utilité d'une chose est grande, plus grand aussi doit être le désir de l'acquérir. Or, comme rien n'importe plus aux hommes que leur Gouvernement, rien aussi ne peut leur inspirer une passion plus violente que le désir de l'améliorer; passion bien légitime, s'il en fût jamais, puisqu'il s'agit de leur bien-être. De ce point de vue se découvre la totalité de l'horizon dont le titre de ce chapitre ne montrait qu'obscurément une partie. De là s'aperçoit et découle évidemment cette vérité que le perfectionnement de leurs institutions va devenir l'objet constant des vœux et des recherches de tous les peuples. Admirable effet du Gouvernement représentatif, et de ces révolutions tant calomniées, si incriminées par l'aveuglement de l'intérêt, par la vivacité de la haine, et par les regrets de l'orgueil blessé; par cet ordre et par elles, l'homme est placé dans une situation invincible de perfectionnement; il ne peut pas s'y soustraire; tout autour de lui lui en fait la loi, et lui en donne les moyens. Voyez et jugez ce que l'état nouveau du monde a déjà fait pour l'homme en société; il lui a donné les moyens de tout connaître, il l'a autorisé à communiquer avec tout ce qui existe, à dire tout ce qu'il connaît, à puiser dans tout ce qui l'environne, à le comparer avec ce qu'il a : quelle immense source d'améliorations ouverte devant lui. Jusque-là le genre humain avait vécu *de confiance* sous le poids de l'esclavage, aujourd'hui il vit d'examen par l'effet de sa liberté. Comme on voit, le changement est fort grand. De plus, alors l'esprit était occupé ailleurs ; aujourd'hui il est entièrement tourné vers cette épuration de l'ordre social. Alors la constitution anglaise était seule en Europe, séparée du continent par la mer, inconnue de tous, et manquant du puissant véhicule des livres et des journaux. Aujourd'hui la constitution anglaise est vulgaire à l'égal des catéchismes : c'est le *classique* de l'enfance, de tous les âges, de tous les pays, le texte de toutes les discussions, le terme de toutes les comparaisons, le patron sur lequel tout établissement est mesuré ; il en est de même pour tous les autres établissemens constitutionnels formés depuis dix ans, soit en Europe, soit en Amérique. Quelle ample provision s'est formée là pour l'esprit d'investigation comme pour les désirs et les moyens d'améliorations. Les choses en sont donc venues au point où tout peut être à la fois et connu et mis en pratique ; par conséquent tout le sera, car comment faire que tous ces mobiles réunis restent sans effet : comment faire que l'on se prive de ce que l'on connaît et de ce que l'on peut obtenir ; cela est-il dans la nature des choses et dans celle de l'homme. Autant vaudrait dire que des règles fausses de géométrie pourraient subsister dans un pays, à côté des règles véritables adoptées et établies dans le reste du monde. La géométrie vraie corrigerait tout de suite la géométrie fausse. Les assemblées délibérantes, les publicistes, les livres sont aux institutions ce que les académies sont aux sciences et aux arts. Ce sont des pouvoirs semblables dans leur sphère à celui de ces corps savans, jugeant comme eux, redressant comme eux, prononçant comme eux sur la nature des choses, sur les divers degrés de leurs qualités, et parlant aux hommes avec autorité pour faire adopter ou rejeter. Par ces nouveaux mobiles, il s'est formé au milieu du monde un *grand jury moral, scientifique, constitutionnel* qui, suivant la nature des objets, examine, prononce et soumet

12

tout à ses arrêts. Par conséquent les établissemens constitutionnels sont destinés à subir
une révision continuelle, journalière, une
confrontation de tous les instans avec tous
ceux qui existent déjà et qui existeront encore. Ce travail continu de révision procédera
du pouvoir combiné des lumières et du désir
du bien-être, pouvoir immense, puisqu'il provient de la nature même de l'homme, de sa
tendance invincible à rechercher l'amélioration de son état, à rejeter ce qui le blesse, à
adopter ce qui le sert.

Prenons un exemple. La constitution espagnole exclut le roi de la législation. C'est là
le vice capital de cette constitution, avec
sa chambre unique. Si elle existait seule au
monde, si les communications étaient fermées parmi les hommes, ce vice pourrait
n'être pas redressé, même malgré le ravage
dont il serait la source. Mais il existe d'autres
constitutions ; mais mille moyens de communication mettent les hommes en rapport
entre eux. Déjà ce vice a été signalé, l'attention de l'Espagne a été frappée des réclamations qu'il a excitées. Voilà des germes que
le temps fécondera, et qui amèneront le re-

dressement de cette grande aberration. Maintenant, étendez le cercle. Faites l'application
du même principe à toutes les institutions
de l'Europe, et voyez si, par la continuation
de son effet, chaque constitution, à son tour,
n'entrera pas en examen, en comparaison,
ne sera pas redressée, imitée, suivant ce
qu'elle aura de bon ou de mauvais, et si de
ce mouvement général il ne finira point par
sortir un ordre commun, dans lequel toutes
viendront se reposer. Ainsi procède en tout
l'esprit humain. Chaque chose a son berceau.
Dans les arts, dans les sciences, dans tout ce
qui constitue la vie humaine, tout a eu un
commencement, une progression, un point
d'arrivée à peu près commun. C'est de proche
en proche que s'est opérée la découverte totale
du globe, et leur population s'est formée. L'as-
tronomie, la géographie se sont étendues et re-
dressées par les observations faites à toutes les
distances et chez tous les peuples. Celles-ci, rap-
portées à un centre commun par les communications établies entre les hommes, ont fini
par créer la science telle qu'elle est. Combien
de cultes et de doctrines diverses en naissant,
ont fini par se fondre dans un corps uni-

forme, et par se régulariser sous des pratiques *conformistes*. Il en sera de même de
l'ordre constitutionnel qui s'établit partout.
Aujourd'hui, il est fort divers par la forme;
mais, comme il est le même par le fond, ce
qui est l'essentiel, les mobiles exposés plus
haut auront ici leur effet; par eux l'uniformité s'établira entre tous ces régimes différens. Ils acquerront de l'uniformité, comme
les corps acquièrent du poli par le frottement.
On ne peut point assigner un terme précis au
temps de l'épreuve, quoique, d'après ces mobiles mêmes, on soit fondé à croire à sa briè-
veté; mais enfin, elle aura un terme, et c'est
alors qu'on aura une *Europe constitutionnellement définitive*, laquelle remplacera
l'Europe *constitutionnellement provisoire*
qui existe sous nos yeux. Nous semons, ceux
qui suivront recueilleront. Nous traçons les
premiers linéamens, ils les redresseront, et
en feront des plans réguliers. L'esprit humain
le veut ainsi, et rien ne se soustrait à son
empire.

CHAPITRE XII.

Un résultat du mouvement actuel de la réformation sociale.

Ici nous allons trouver précisément le contraire de ce que l'on dit être d'un certain côté, nous prions d'y faire attention.

L'ordre monarchique est modifié dans un grand nombre de lieux. Aussitôt de crier : les trônes sont perdus, la démocratie envahit tout, voilà la république et les républicains ; tels sont les cris de guerre. Les raisons avec lesquelles on abuse des esprits timides, et qui n'y regardent pas de près, sont à peu près celles-ci : l'ancien culte royal est affaibli, les républiques sont moins chères, l'état de l'humanité ne s'accorde pas toujours avec les besoins toujours les mêmes des gouvernemens, les hommes de ce temps sont assez éclairés pour pouvoir se conduire par

eux-mêmes; enfin, l'esprit démocratique a
fait des progrès, et perce en beaucoup d'endroits.

Tels sont à peu près les motifs sur lesquels on se fonde, et que l'on trouve allé-
gués communément.

Toutes ces raisons disparaissent devant un
examen sérieux,

Et d'abord il faut commencer par rejeter
loin, par reléguer parmi les fictions inven-
tées par l'intérêt personnel et présentées partout à la crédulité, l'existence de l'esprit démocratique en Europe. Je le soupçonnais
depuis long-temps, je l'affirme aujourd'hui.
Tout le midi de l'Europe est mon témoin.

Si jamais occasion propice exista pour
faire enfin éclater cet esprit démocratique,
assurément ce fut celle de la grande révolution du midi. A quoi dans cette grande crise
ont tenu les trônes ? où était leur force propre? qui les protégeait contre l'esprit démocratique s'il eût existé? qui pouvait empêcher
les républiques de surgir du milieu de leurs
débris? et cependant qu'est-il arrivé? a-t-il
été proféré un seul mot de dépréciation
pour la royauté, ou de menace contre les ti-

tulaires ? a-t-on remarqué une nuance, une tendance, une couleur de république ? quel langage a été adressé aux rois, quelle soustraction a été faite aux hommages ordinaires ? au contraire, que n'y a-t-on pas ajouté ? les faits sont-ils constans, et s'ils le sont, a-t-on le droit d'en induire l'absence de l'esprit démocratique. Il faut s'entendre et être juste. Nier les faits, quand ils contrarient nos systèmes, ou les conséquences de ces faits quand on ne peut pas nier l'existence du fait lui-même, est déclarer que toute discussion basée sur la raison est impossible. On a pris pour texte d'accusation la partie de la constitution espagnole relative à la royauté, qui exclut le roi de la participation directe à la législation. C'est un vice essentiel dans cet acte, mais ce n'est pas une république; vingt des antiques constitutions féodales renfermaient des clauses bien autrement anti-monarchiques, et l'on ne criait pas à la république, comme on ne cesse de le faire aujourd'hui.

Si l'erreur se montre dans cette disposition, provient-elle du temps actuel, ou de ce terrible rassemblement qui forma les cortès en 1812, et qui sûrement n'était pas composé de démocrates? Il ne manquerait plus à toutes les folies dont on nous inonde, que de les voir accusés d'avoir été *démocrates*. L'assemblée qui s'est opposée comme un mur d'airain à Napoléon, qui n'a pas détourné un moment ses regards du captif de Valençay, déclarée démocrate! Ah! rien ne serait plus amusant.

A Naples, à Lisbonne, s'est-on montré démocrate? A Palerme même, s'agissait-il de république, ou seulement de *monarchie à part* de Naples, sous un prince de la famille de Naples? On a adopté la constitution espagnole, il est vrai, mais au début, pour avoir un premier point de ralliement, mais avec l'intention annoncée de corriger dans le travail subséquent.

On n'aperçoit donc nulle part cet esprit démocratique dont on ne cesse de parler : s'il ne s'est pas trouvé dans le midi de l'Europe, où donc le découvrira-t-on. Nous vivons dans un étrange temps, celui des mots d'ordre. Un mot de ce genre part d'un bout de la chaîne et la suit dans toute son étendue avec le retentissement multiplié d'un nombre infini de voix, qui répètent sans le comprendre, ce que l'intérêt a dicté à la distraction: quand vient l'examen, il n'y a plus rien. Remarquez que, d'après ce qu'exige la raison, je ne vais pas disant qu'il n'y a pas de républicains: eh! parmi la variété infinie des inclinations, des caractères, et des esprits qui se font remarquer parmi les hommes, qui peut répondre qu'il ne se rencontrera personne qui, par vingt raisons diverses, sera porté vers un système de gouvernement plutôt que vers un autre, vers la république plutôt que vers la monarchie; le choix est libre, je pense: peut-être que Rome renferme dans son sein des hérétiques; peut-être les Etats-Unis récèlent-ils des royalistes? et cependant le Vatican et le Capitole de Washington sont debout. Qu'importe quelques individus, que peuvent-ils? Que sont-ils auprès des masses? A entendre certaines gens, aujourd'hui toute vertu est renfermée dans un mot : *royalisme*. Montesquieu nous a dit que c'était dans *république*. Je ne suis pas républicain à beaucoup près, mais j'entends parler de la royauté de manière à en dégoûter, si cela était possible.

Mais, dira-t-on, la république est-elle possible? Eh! qui n'est pas possible? qui n'a pas existé, qui peut ne pas exister? qu'ai-je à rendre compte de ce qui n'est pas? Plaisante manière de raisonner, que celle de conclure de ce qui n'est pas à ce qui peut être, du néant à l'existence; toute la question est dans ces mots : *Que la royauté se conduise de manière à ne pas faire penser à la république.* Dites, si le gouvernement de l'Espagne se fût prolongé sur les erremens qu'il suivait, et que des peuples au désespoir se fussent jetés dans la république, dites à qui la faute; et aurait-on bonne grâce à venir crier : *ce sont les démocrates, les libéraux.* Vous entassez les fautes, et puis vous accusez les autres du résultat de vos œuvres; vous rassemblez les ténèbres de toute part, et puis vous vous étonnez que l'on se trompe de porte quand on veut en sortir; ainsi ne va pas le monde.

Des hommes blessés, aigris, égarés même, peuvent rêver république; des hommes, maîtres d'eux-mêmes, n'y songeront point. L'expérience faite en France, en a dégoûté pour long-temps. Loin de l'ébranler, elle a raffermi la royauté, comme l'a fait ce qui vient de se passer dans le midi de l'Europe : tandis que d'un côté on ne montre dans ce grand acte que la violation et la dépréciation des trônes; de mon côté, j'y reconnais un grand principe de solidité et d'affermissement pour eux : quand on a résisté à une pareille épreuve, on a enfoncé ses racines plus profondément en terre. On n'entend parler que des dangers des dynasties régnantes dans le Midi; pour moi, je ne les ai jamais vu mieux affermies. Dites si celui qui, aujourd'hui, s'exprimerait sur la royauté d'une manière despectueuse, ne passerait pas pour un blasphémateur, s'il ne serait pas banni de la société, s'il n'y serait pas considéré comme celui qui insulterait à la religion, qui était l'objet des mépris dans les temps antérieurs à 1789. Le temps de ce double cynisme est passé.

Je dirai donc hautement que l'on ne veut plus de république; mais que généralement on veut de l'ordre constitutionnellement monarchique. Il est curieux de voir traiter de république l'époque qui a vu disparaître toutes les républiques. Où sont les républiques de Pologne, de Hollande, de Gênes, de Venise et de Lucques, car on s'en est pris jusqu'aux atômes; tout a été royalisé, et l'on

nous parle de république! En vérité, j'aimerais autant qu'au milieu de nos temples chrétiens l'on nous dît que nous sommes tous
païens. Napoléon, qui avait débuté par dire
que l'*ère des gouvernemens représentatifs
était arrivée*, a-t-il fait des républiques?
Quel républicain que celui-là! Si l'Amérique
du Sud s'est faite républicaine, à qui la faute?
On l'a manquée comme à plaisir. On l'a abandonnée à elle-même; on l'a insultée de mille
manières, méconnue, menacée, laissée sans
pitié aux mains de ses exterminateurs, on a
assisté froidement au spectacle de son supplice,
et l'on s'étonne qu'elle ait pris son parti, et
qu'elle n'ait plus voulu de maîtres. Le répu-
blicanisme américain vient de l'insouciance
pour elle des royautés européennes.

Je me suis appesanti sur cet article, pour
répondre aux diatribes aussi perfides que fas-
tidieuses, que l'on répand sur cette grave
partie de notre position. Je rentre dans mon
sujet, et j'en poursuis l'examen en toute franchise et vérité (1).

____

(1) Voyez l'admirable chapitre De la Légitimité,

La superstition de la royauté est finie, il est vrai; et à la fois tant mieux pour elle et tant mieux pour nous; mais la religion véritable est restée. C'est ce qui lui convient le mieux, ainsi qu'à nous. Que font à elle et à nous des titres sans raison comme sans preuves, sans principe comme sans nécessité, qu'on ne peut ni montrer ni expliquer, comme tous ceux que l'on a jusqu'ici tirés du droit divin? Qu'a-t-elle perdu en changeant des textes à contestation, dénomination qui ferait beaucoup d'honneur à ceux-ci, contre des titres qui ont leurs racines dans les besoins mêmes de la société. Par cette transition, la royauté s'est

dans l'ouvrage de M. Guizot. C'est ma doctrine. Il n'y a de différence avec la mienne, que celle de la supériorité de son talent pour la faire ressortir.

J'ai quelquefois l'avantage de me rencontrer avec lui pour le fond des pensées : par exemple, celle sur l'existence de l'esprit démagogique en France; sur l'esprit, la tendance, les efforts, et la fin de l'aristocratie et de la contre-révolution, et surtout sur l'impossibilité de conduire la France dans la direction qui prévaut depuis plusieurs années, et surtout depuis la fin de 1819. Un grand pays pris à contre-sens, ah! cela ne peut pas aller.

identifiée avec les sociétés mêmes; elle s'est associée à leur solidité et à leur fixité. La rectification d'un principe n'est pas la destruction de l'objet de ce même principe : entendu autrement, autrement appliqué, il peut devenir plus conservateur; la royauté, mieux connue dans son principe, n'en sera pas moins vénérée, et des hommages, puisés à une source plus pure, n'en seront que plus flatteurs. Aussi comment se flatter que les mêmes yeux qui vont lisant dans les espaces infinis des cieux, ne pourront jamais distinguer ce qui se passe sur la terre,

La diminution des frais qu'entraîne l'entretien des établissemens royaux, est une vue basse, sordide, indigne d'être mise en parallèle avec les principes d'une pareille question : quand il s'agit d'une chose aussi grande que le gouvernement des hommes, c'est bien à quelque argent de plus ou de moins qu'il faut s'arrêter. Tout gouvernement exige des frais. Il n'y a donc à considérer que le *plus* ou le *moins*. Le *surplus* doit être compensé par les avantages de l'*emploi*. Il ne faut donc que rechercher s'il y a effectivement compensation. Celle-ci n'existe pas entre le plus ou le moins d'argent, mais entre le plus ou le moins d'avantages ; le calcul ne doit pas porter sur ce que coûte la royauté par elle-même, mais sur ce que coûteraient les ambitions qu'elle contient ; non sur ce qu'elle dépense, mais sur ce qu'elle empêche de dépenser ; c'est une économie positive cachée dans une économie négative, mais qui n'en est pas moins réelle.

Mais ici encore, comme dans mille autres questions, les cris de la déraison font fuir le véritable sens de la question. A entendre tous ces déclamateurs, on dirait que l'on veut réduire les rois à l'état des *rois pasteurs*. On dirait qu'il n'y a plus de trônes là où il n'y a plus de prodigalités et de parasites de cours ; on dirait que les nations sont pour qu'un trône brille, et non que le trône brille pour protéger les nations. N'y a-t-il donc de juste milieu en rien ? N'existe-t-il aucune limite entre l'éclat nécessaire du trône, et les jouissances personnelles de celui qui l'occupe, et les profusions ruineuses pour un peuple. Par exemple, la royauté serait-elle effacée en France, quand la dotation de la couronne ne serait pas portée au taux immense qu'elle atteint? N'y a-t-il plus de royauté en Espagne, parce que la cour cessera de dépenser plus de trente millions, dans un pays qui comptait à peine 180 millions de revenus. C'était la sixième partie de son revenu public. Dans l'ordre nouveau, le roi vivra dans la splendeur qui convient au trône, au milieu des jouissances auxquelles il a droit, au moyen d'une dotation (1) beaucoup inférieure, il est vrai, mais suffisante pour remplir ce double objet. Mais il y aura cette différence entre l'ancien et le nouvel ordre de choses, que dans le nouveau, la maison du prince ne sera jamais exposée à manquer, au lieu que dans l'ancien elle était trop souvent à la veille de le faire. Un certain point passé, que fait aux princes tout le reste; aussi ce n'est-il pas pour les princes, mais pour eux-mêmes que les gens de cour tiennent si fort à ce luxe. Il est vrai que dans le nouvel ordre le pouvoir des profusions et des constructions gigantesques

----

(1) La dotation du roi d'Espagne a été fixée à 10,000,000 fr. Avec les revenus territoriaux, elle s'élève à 12,000,000. Un million par mois suffit bien à tout.

se trouve retiré aux princes; on ne bâtira plus ni Versailles ni Saint-Ildephonse (1); mais, en conscience, est-ce pour des Versailles et des Saint-Ildephonse, que les peuples peuvent être tenus de suer, de labourer, de se dépouiller. Quand ils consentent avec allégresse à défrayer convenablement les trônes, c'est un acte de raison qu'ils entendent faire, et non point se présenter eux-mêmes en holocaustes aux fantaisies. En tout, il faut revenir à la raison, et assigner à chaque chose la part qui lui revient. C'est cette raison qui nous suggère dans le moment une réflexion bien propre à fixer notre jugement sur cette ques-

______

(1) On ne sait pas au juste ce qu'a coûté Versailles. Il passe pour certain que Louis xiv épouvanté du définitif du compte, le jeta au feu. Saint-Simon établit, dans ses Mémoires, que Marly a coûté plus cher que Versailles.

St. Ildephouse, bâti par Philippe v, coûta 160 millions; c'était plus de deux années du revenu de l'Espagne de ce temps. Par une singularité remarquable, il se trouva que la banqueroute faite par le successeur de Philippe v, sous l'inspiration de son confesseur, s'éleva précisément à cette même somme de 160 millions.

tion. Considérons à quel résultat la possession 1° du pouvoir absolu, 2° celle de la clef
du trésor, conduit les princes. Prenons nos
derniers rois pour exemples, avec les monar-
ques espagnols.

Louis XIV a, pendant cinquante ans, fait les
lois et les finances a lui tout seul; en quel état
se trouvait-il en 1709 ? S'il fût resté abandonné
à la colère de Marlborough et d'Eugène, il
subissait le sort de Napoléon, il était détrôné.
Déjà ce monarque si fier pendant trente ans se
sentait réduit à penser qu'il pouvait être con-
traint à chercher la mort au milieu des bataillons ennemis (1) ; la politique anglaise seule

____

(1) Montesquieu déclare que cette résolution est
la plus magnanime qu'un monarque ait jamais em-
brassée. Il est étonnant qu'un homme tel que Montesquieu n'ait rien dit de la cause qui forçait à cet
acte de désespoir. Quand à force d'avoir insulté
et bravé l'Europe, après avoir méconnu le prince
Eugène et déclaré qu'on ne perdrait pas grand chose
en le laissant aller, après s'être opiniâtré à faire
commander les Villerri, les Marsin, les Tallard,
les Tessé, en laissant dans l'oubli les Catinat, en
chassant des milliers de Français enflammés du désir de la vengeance, on a amené les choses au point

le sauva. Ce prince a fait de grandes choses, il est vrai; sa cour retraçait les pompes de l'Orient; il a mis beaucoup de pierres les unes sur les autres et les a élevées fort haut : tout cela peut être fort beau, mais il n'est pas bien *sorcier*, en prenant l'argent de tout le monde, en faisant cent mille créations de charges, en multipliant les banqueroutes, en laissant des milliards de dettes (1) dont le far-

------

d'avoir besoin de le faire tuer ; je n'aperçois dans cela aucun sujet d'éloge. Loin de là, de quoi cette mort héroïque guérissait-elle la France? Ah! Montesquieu parlerait autrement aujourd'hui. De son temps on ne regardait encore que d'un côté, dans le nôtre on en voit deux.

(1) Le visa des dettes laissées par Louis xiv s'éleva à *deux milliards* huit cent millions, ce qui ferait *cinq* milliards de notre monnaie.

Sous son règne les créations des charges s'élevèrent à un taux qui aujourd'hui paraît incroyable. Il faut lire l'ouvrage de Forbonnois.

On est tout étonné en voyant combien peu Louis xiv a mis à ses largesses scientifiques qui ont fait tant de bruit. L'histoire financière de Louis xv depuis 1756, forme le tableau le plus pénible. On connaît celle de Louis xvi, les querelles qu'elle

deau est venu jusqu'à nous, et a beaucoup
contribué à la catastrophe de 1789. Ce ne
sont pas les libéraux qui ont fait la banqueroute de *Law*, pas plus que celles de l'abbé
Terray. Louis xiv a fait quelque chose pour
les arts et les sciences, mais il a plus donné
aux habitués de l'OEil-de-Bœuf et à *Dan-
geau* qu'à tous les savans de l'Europe et de
la France. Louis xv et Louis xvi ont aussi eu
le pouvoir de l'argent ; qu'en est-il résulté
pour tous les deux ? les vingt dernières années
financières du règne dupremier sont un monument déplorable de profusions et de toutes
sortes de misères : la livrée du Roi et les
gardes-du-corps ont été vus couvrant des demandes de secours sous les voiles de la nuit. Le
déficit a détrôné Louis xvi. Ce monarque,
personnellement économe, a lutté pendant
une partie de sa vie contre des abus triomphans à la fois de ses excellentes intentions et
de son pouvoir. En Espagne, depuis Philippe v

---

amena avec les parlemens, les aveux qu'elle força
de part et d'autre, et la révolution à laquelle ils
donnèrent ouverture.

jusqu'à Ferdinand vII, qu'a-t-on vu dans ce genre? pour le premier, le marquis de Louville nous l'apprend dans ses mémoires : quel est le particulier qui s'accommoderait d'une maison aussi mal réglée que celle de Philippe v, telle qu'elle est présentée par cet historien, témoin oculaire? Souvent, sous Charles iv, les objets de première nécessité ont été à la veille de manquer; on a vu le palais du monarque sur les états duquel le soleil ne se couche jamais, à défaut de fournisseurs, ne pouvoir plus être éclairé que par la lune. Le rapport fait aux cortès à l'ouverture de la session apprend où l'on en était venu depuis 1814. Tout le pouvoir de législation et de finance n'a pu préserver ni le monarque de France, ni celui de l'Espagne : ce n'étaient donc pas des biens réels ou solides, et encore moins des appuis. Une chose résout définitivement la question : Qui est plus puissant, mieux obéi, des princes du Nord ou de ceux du Midi? eh bien, les premiers n'ont aucun luxe, dépensent peu, et retracent presque la simplicité de la vie privée; leur trône est-il moins solide et leur bras moins fortement armé?

J'ai quelquefois entendu dire : La royauté

est menacée, parce qu'on sait qu'un président d'Amérique ne coûte que 400,000 francs, et que le pays est fort bien gouverné à ce prix. Je plains ceux qui peuvent croire que le bonheur de l'Amérique vient de là, ou que nous sommes en Amérique.

La condition de l'humanité ne fait pas davantage à la question. L'homme est variable de sa nature, la société est invariable par la sienne : une chose passagère et changeante est chargée de régir une chose immuable et éternelle, cela est vrai. Je sais qu'il y a toujours trois hommes dans le même homme : celui de la jeunesse, celui de l'âge viril et celui de la vieillesse, tous trois divers de force et de goûts. Je sais aussi que la société ne compte jamais qu'un âge, et éprouve des besoins toujours égaux. Je sais encore que dans les choses humaines, et c'est là leur condition invincible, parer à tous les inconvéniens est impossible. Hommes, abandonnons-nous à toutes les conséquences de notre nature. Atténuer l'effet de ses infirmités, est tout ce que le ciel a accordé à notre faiblesse ; mais ce qu'il nous a refusé comme hommes, il l'a accordé et mis à notre portée dans les modes de gouvernement dont il nous a laissé le choix ; et c'est ici qu'éclate dans toute sa beauté le régime constitutionnel : il admet, bien mieux, il prescrit le trône. Celui qui l'occupe est faible, parce qu'il est mortel, cet ordre placé autour de lui une chose immortelle, toujours prête à suppléer à ses infirmités, le grand conseil de la nation et le ministère responsable : avec cela, le vaisseau ne manquera jamais de pilote, l'État ne se ressentira jamais des infirmités de son chef. Voyez l'Angleterre : le ciel frappe le monarque, sa raison fuit, lui-même rentre comme dans la nuit anticipée du tombeau, un long cours d'années se succèdent dans cet état, les épreuves les plus dures se multiplient ; on a triomphé, le monarque aura ignoré jusqu'aux triomphes de son peuple, le ciel continuera d'être sourd à ses vœux qui le lui redemandent, et pendant que le prince a disparu, l'État a continué de marcher d'un pas ferme vers la prospérité. Les argumens tirés de la faiblesse humaine contre la royauté, n'ont donc aucune force à côté du correctif puissant et infaillible qu'offre l'ordre constitutionnel ; mais lui seul le présente, et sans lui gardez-vous des régences de Charles VI.

Il est vrai que les hommes ont acquis, dans l'ordre social, des connaissances très-supérieures à celles qu'ils possédaient, il y a cinquante ans : quelle masse immense d'hommes avancés dans les sciences politiques n'a pas présenté l'époque actuelle ? combien n'a-t-on pas rencontré d'hommes propres aux emplois les plus distingués, dans les rangs où jadis l'on eût à peine cherché des employés subalternes : législateurs, administrateurs, négociateurs, ministres, généraux, magistrats ?... On a vu tous ces hommes jouer, pour ainsi dire avec les affaires, eux auxquels on n'aurait rien confié dans un autre ordre, dans cet ordre où Napoléon lui-même aurait eu bien de la peine à devenir colonel. Eh bien ! loin que cette diffusion de talens que l'on représente comme contraire à l'ordre royal, y forme un obstacle, elle présente au contraire un mobile très - puissant de royalisme, en le faisant porter sur les besoins des nouvelles sociétés elles-mêmes ; je m'explique, et je désire d'être bien entendu, car je parle de principes (1).

____

(1) Pour mieux faire comprendre mon idée, je

Quel est le premier besoin des sociétés, quel est leur but? leur paix intérieure, premier

crois devoir joindre ici un extrait de la seconde partie de mon ouvrage sur le congrès de Carlsbad. Il renferme un développement très-propre à faire bien entendre tout cet article, auquel il se rapporte avec une parfaite exactitude.

La nécessité du Gouvernement représentatif, dans l'état actuel du monde, est de la géométrie à mes yeux. Ce n'est point comme jeu d'esprit, mais par conviction que j'en écris. En examinant les divers besoins des sociétés humaines, d'après leurs différens âges, on trouve que le Gouvernement absolu est le Gouvernement des peuples tout-à-fait ignorans; le Gouvernement républicain, celui des peuples dont une partie seule est éclairée ; le Gouvernement représentatif, celui des peuples dont la masse entière est éclairée. Un troupeau d'aveugles choisit pour guide le plus clairvoyant d'entre eux. Voilà le monarque absolu ; lui seul voit, lui seul doit commander. La masse est ignorante et esclave, mais quelques classes et quelques grandes lumières s'élèvent au-dessus d'elle ; voilà les républiques de Rome et d'Athènes, modèles inapplicables parmi nous, dont la civilisation est toute différente, et qui ne connaissent pas l'esclavage, cette grande ligne de démarcation entre les sociétés anciennes et modernes ; la masse entière est pénétrée de lumières, le moyen de leur bonheur, car il n'en est point pour une société troublée. Mais une égalité d'aptitudes et de titres *au pouvoir* n'est-elle

---

grand nombre suffirait à conduire et le pourrait, là doit se trouver le Gouvernement représentatif, qui donne un conducteur inébranlable fait pour arrêter toutes les ambitions qui, à un titre égal, voudraient s'emparer de la direction, et qui les restreint à cette partie du Gouvernement dont il serait aussi injuste de leur interdire l'accès, qu'il serait imprudent de le leur ouvrir tout entier. Ainsi, aux deux bouts de la chaîne se représente le même besoin, celui d'un monarque destiné, dans un temps, à guider tous, et dans l'autre, à empêcher que tous ne veuillent guider ; à prévenir l'un l'égarement, et l'autre la confusion : voilà le point où le monde est arrivé ; il lui faut le Gouvernement représentatif, parce qu'en lui se trouve à la fois le produit nécessaire de l'avancement des sociétés, le monument de leurs lumières, la satisfaction de leurs besoins, la garantie de leur bonheur et le titre de leur gloire.

C'est avec cette doctrine constante, uniforme depuis qu'il a commencé à écrire, qu'un auteur, muni d'ailleurs de beaucoup d'autres garanties, est proclamé révolutionnaire, et traîné devant les tribunaux, comme séditieux. Quels temps, bon Dieu, sont les nôtres !

point un principe de troubles de la part d'hommes qui se sentent également capables du
commandement? Lisez l'histoire de toutes les
républiques anciennes, et la nôtre propre sous
la monarchie : qui a perdu les républiques, qui
a agité les monarchies? l'égalité des prétentions : les Guise et les Condé, les Armagnacs et
les Bourguignons, ont fait chez nous ce que
Marius et Sylla, César et Pompée firent à Rome.
Que faut-il donc pour mettre la société à
l'abri des tempêtes que ne peuvent manquer
de produire des ambitions égalitaires en
titres au pouvoir? une barrière devant laquelle toutes doivent également s'incliner.
Quelle peut-elle être? le trône, et lui seul.....
Si Rome avait eu un trône constitutionnel;
Marius et Sylla se fussent bornés à le servir,
et Rome n'eût compté ni proscriptions, ni
Tibère. La tyrannie fut acceptée comme digue
à l'ambition, et les empereurs furent tolérés
comme inexorables par un système nécessaire,
contre des insurgens par principe. Tout le
secret de la tyrannie des douze Césars est dans
ces mots. Rome tuait ses empereurs, et con-
servait leur système contre ses perturbateurs.
Dans notre Europe moderne, la royauté a

fait, contre la féodalité, ce que l'empire fit à
Rome contre les républicains turbulens. Elle
a écrasé l'aristocratie féodale, et l'Europe a
préféré une tyrannie d'un ordre supérieur à
mille tyrannies d'un rang subalterne; mais
comme les *aristocraties morales* et de capacité que le nouvel ordre social a créées
pourraient renouveler dans le sein des sociétés les désordres et les conflits qui y ont produit les aristocraties féodales, il faut borner les premières par le même moyen qui a
annullé les secondes, c'est-à-dire, par la
barrière insurmontable de la royauté, destinée à contenir également les propriétaires
de ces grandes fortunes intellectuelles, et à
les appliquer toutes au service de la société.

La royauté est donc devenue un besoin plus
pressant des sociétés, à mesure que, de leur
côté, celles-ci sont devenues plus nombreuses, plus éclairées et plus riches. L'effet
a correspondu exactement à la cause ; il
faut trouver et maintenir le lien commun
propre à tenir ensemble toutes les parties de
la société, à faire concourir au même but des
forces qui se choqueraient sans cette impulsion commune, et à établir au milieu de la

société un centre auquel tous les rayons soient forcés de se rapporter. Ainsi, de forts liens retiennent dans la cuve où elle fermente la liqueur qui, sans cette compression, s'épancherait avec fracas.

Dans tout ceci, il faut tenir compte des progrès des sociétés. A mesure que leur mécanisme est mieux connu, on s'attache davantage à ce que dans elles on reconnaît être nécessaire ; c'est ce qui fait qu'une attention sérieuse fait découvrir de nouveaux besoins pour elles dans le maintien de la royauté, et que dans le temps où l'on ne cesse de crier que la royauté va périr, en regardant de près, on trouve que son besoin pour l'ordre social n'a jamais été mieux apprécié ni mieux reconnu : mais le sentiment de ce besoin n'est pas vague et indéterminé ; il a un but fixe, il rapporte cette confirmation à la seule royauté constitutionnelle, et la même opération de l'esprit, qui démontre le besoin de la royauté, et la nécessité de son affermissement, démontre à la fois l'impossibilité de l'ancienne royauté, comme contraire au nouvel ordre des sociétés. Il serait aussi impossible de conserver celle-ci que de se passer de celles-là. Le temps qui veut l'une, ne peut pas supporter l'autre. C'est cet état du monde qui m'a rempli de la persuasion de trois points énoncés ci-dessous, et que je crois réservés à devenir la règle du monde.

1° Que l'ancienne royauté est désormais impossible, comme opposée à l'état du monde;

2° Que l'ordre républicain est également impossible, et par la même raison;

3° Que la royauté constitutionnelle est la seule possible, et qu'elle prévaudra partout.

Je n'en excepte pas même l'Amérique, avec le temps. Quand dans cinquante ans, elle aura 60 millions d'habitans et 120 millions dans quatre-vingt-quinze ans, ainsi qu'il a été calculé, et peut-être beaucoup plus; quand le commerce de l'univers aura multiplié la richesse au milieu d'elle, avec tout ce qui la suit d'ordinaire, on verra si ce sera un président ou bien un roi qui habitera au capitole de Washington. On verra combien il y aura de trônes sur le sol de l'Amérique. L'ordre républicain prévaut dans l'Amérique du nord comme dans celle du sud, parce qu'elles comptent dix habitans par lieues carrées; mais quand elles en compteront deux cents sur les mêmes espaces, quand les villes comme Londres s'y seront multipliées, quand tous les arts de l'ancien continent y seront devenus usuels, on verra ces pays recourir à l'ordre de la royauté constitutionnelle, et y chercher un refuge et une garantie contre les inconvéniens de leur propre grandeur. Cela est plus clair que le jour. La cause qui aujourd'hui fait ces lieux *républiques*, alors les fera *monarchies*. Ainsi *un* des résultats de cet esprit et de cet ordre que l'on représente comme subversifs de la royauté, sera d'affermir, d'étendre l'ordre royal, et en définitive d'en faire la loi de l'univers. Il aura sur la royauté l'effet qu'a eu sur la religion la réforme qu'elle a éprouvé. A entendre tout ce qui se disait, tout était combiné pour la détruire. Eh bien, l'épuration, en faisant mieux ressortir les bienfaits, en éloignant les sujets de déplaisir et de reproches, l'a fortifié, l'a rendu inattaquable, comme le font toutes les choses qui ne se font ressentir que par leur utilité. Il en sera de même pour la royauté dans l'ordre constitutionnel. Celui-ci lui ôte tout ce qui nuit en elle, il met en lumière tout ce qui y sert, il la montre, et la fait sentir comme

un besoin des sociétés elles-mêmes ; par conséquent, il lui donne leur durée propre, et
confond son existence avec la leur. Je ne
sache pas comment depuis qu'il existe des
trônes, on a pu mieux travailler à leur affermissement. Cet accroissement de forces sera
l'ouvrage du mouvement actuel de la réforme
sociale à laquelle nous assistons. La révolution du midi de l'Europe présente dans sa
plus grande étendue la démonstration de cette
vérité ; car comment pourrait-elle être con-
testée, lorsque dans l'isolement absolu où se
sont trouvé les trônes de ces pays, dans l'a-
néantissement de tout moyen de défense de
leur part, on a vu les peuples bien maîtres de
choisir leurs gouvernemens et leurs gouver-
neurs, se tourner respectueusement vers les
trônes, les défendre, les entourer, ne pas
proférer une seule syllable d'injure ou de reproches contre des hommes désarmés, et qui
peut - être avaient beaucoup abusé, et par
cette conduite, pleine de vénération, rendre
à ces mêmes trônes un hommage d'aveu de leur
nécessité. Si c'est là ébranler les trônes, je
demande que l'on m'apprenne comment l'on
peut les respecter et les affermir. Pour moi,

je ne crains pas de le déclarer, n'étant pas plus
dupe que trompeur, après avoir beaucoup
cherché, beaucoup entendu, j'atteste qu'il
m'est resté une conviction intime que tout
ce qui est allégué de relatif à des projets
ennemis de l'ordre monarchique, loin d'exister, est remplacé par une masse immense, irrésistible d'esprit monarchiquement constitutionnel, qui forme l'état réel et universel de la France et de l'Europe. Je crois
fermement n'être pas trompé, et je suis bien
assuré de n'être pas trompeur en parlant
ainsi.

CHAPITRE XIII.

Gouvernement rationnel.

J'ai entendu des hommes distingués par leur esprit, par les postes qu'ils occupent dans l'ordre social, recommandables par les services rendus à la chose publique comme par la gravité de leurs mœurs, je les ai entendu dire : *Mais comment, avec toutes ces discussions publiques, gouvernera-t-on les hommes ? Voilà le monde mis à nu : plus de prestiges, tout analysé, supputé, calculé : quel moyen d'y tenir ? enfin, ce sera donc à la raison seule à gouverner ?* Eh bien oui, la raison gouvernera, elle aura cette insolence ! pourquoi a-t-elle usé jusqu'ici de tant de modestie ? La raison gouvernera ! eh bien, cette fille du ciel, détrônée trop long-temps, rentrera dans son empire. La raison gouvernera ! est-ce donc à la déraison à gouverner? Beau malheur, en vérité, que celui d'être gouverné par la raison! Eh! qui donc gouverne l'homme? par quel attribut le ciel l'a-t-il placé à la tête de la création, l'a-t-il distingué des autres êtres qui peuplent la terre, si ce n'est par la raison? en rentrant sous son empire, on ne fait donc que rentrer dans l'ordre établi par le ciel même : si nous nous égarons sous sa direction, c'est à lui qu'il faut s'en prendre. Dites, est-ce le ciel ou l'homme qui a fait l'erreur?

> *Solem quis dicere falsum*
> *Audeat....*

Tout est vrai dans la création, toute erreur est l'ouvrage de l'homme; lui seul a altéré l'ouvrage de la Divinité, qui est tout vérité; par conséquent, bannir l'erreur n'est que se rapprocher du type donné par Dieu même, et remonter vers lui. La raison est cette direction saine et pure de l'esprit humain, telle que le prince de l'éloquence romaine en a tracé le tableau : voilà ce qui est fait pour diriger l'homme dans ses actes publics comme dans ses actes privés; voilà ce qui est digne de lui, et ce qui seul peut bien régler sa course.

De quel droit la raison de l'un exige-t-elle
que la raison de l'autre se soumette à elle?
Quand j'entends parler d'autorité, je commence par chercher celle de la raison, et
je demande au fait son droit. Si par hasard
cette autorité s'était trompée : cela n'est-il jamais arrivé? Nous n'aurons plus de nymphe
Égérie, plus de pigeon de Mahomet, plus de
démon familier de Socrate, plus d'une multitude d'autres choses aussi ingénieuses, et surtout aussi bien prouvées. Ah ! ne voilà-t-il pas
de belles pertes ! Voyez à quels peuples on présentait ces ingénieux talismans; qu'étaient les
Romains au temps de Numa? les brigands rassemblés par Romulus : que sont-ils restés pour
avoir commencé par ces misérables jongle-
ries? les peuples les plus superstitieux. Lisez
Tite-Live, la Légende dorée contient moins
de miracles. Voyez ce qu'on finit par penser à
Rome de toute cette fantasmagorie, et calcu-
lez ce qui attend un peuple qui finit par rire
de ses propres croyances : il n'existe pas de
moyen plus sûr de le démoraliser. A qui Mahomet a-t-il débité et fini par persuader ses
grossiers mensonges? dans quel état a-t-il jeté
le monde qui a eu le malheur de l'écouter?

quels sont les mœurs et l'état moral des ma-
hométans, c'est-à-dire de l'Asie et de l'Afrique? de quel poids ce malheureux n'a-t-il pas
pesé sur l'esprit humain? Supposez le réveil
de la raison parmi ces hommes (car il est bien
évident qu'aujourd'hui ils en sont privés par
l'effet persévérant de toutes ces superche-
ries), les verrait-on regretter ces dogmes aussi
funestes que pitoyables, ou bien travailler à
épurer à la fois leur raison et leur gouvernement? La pureté de l'un engendre toujours
celle de l'autre : on commence par rendre les
hommes stupides, on continue en les rendant
esclaves; la progression est connue et nécessaire, et ce n'est pas à l'usage de l'Orient seul
qu'elle s'est trouvé être. La stupidité et le despotisme se sont toujours donné la main, ce
sont des alliés par nature; mais retournez la
question, et voyez ce que, loin de tous ces
prestiges décevans, étaient devenus les peuples anciens, parmi lesquels les lois avaient
eu la raison pour principe, et les hommes les
plus distingués d'entre eux par leur raison
pour législateurs. Quels sillons de lumière
n'ont-ils pas laissé après eux! quelles places
n'occupent-ils pas dans l'histoire! De nos jours,

contemplez l'Angleterre et les États-Unis,
rappeléz-vous ce que furent les ligues suisses :
là, on n'aperçoit aucun agent mystérieux venu
du ciel ou sorti du sein de la terre; un seul
s'y fait ressentir, mais celui-là vient bien de
Dieu, et tout en lui montre son certificat
d'origine, la raison : c'est elle qui a tout ar-
rangé dans ces contrées, qui préside à tout,
et dont l'action continue a porté ces nations,
là à la tête de la civilisation du monde, ici au
comble du bonheur paisible et innocent. Dans
tous ces pays on n'aperçoit pas ces classifications, ces distinctions et gradations de rangs
et de professions dont ailleurs on fait les pivots des sociétés, et qu'on dit être les seuls
moyens de les conserver; et cependant, comparez l'état respectif des peuples chargés ou
affranchis de ce joug, et jugez par lui de la
valeur véritable de ces allégations. Il ne faut
pas s'y méprendre, elles ne sont que les regrets de l'aristocratie expirante, et un rappel
fait par elle vers ses autels délaissés.

Laissez donc faire la raison, dirai-je à ceux
qui s'effraient de ses progrès, laissez-la étendre son empire; au lieu de le redouter, con-
courez à son accroissement : cette raison est

bonne pour vous comme pour tous, ce qu'elle a déjà produit ne montre pas qu'elle soit si dangereuse; à cet égard le passé vous répond de l'avenir. L'empire de la déraison est déjà bien ancien, voyez ce qu'elle a produit. D'où viennent ces institutions dont le monde fatigué est pressé de se débarrasser comme d'un fardeau? nommez leurs honorables auteurs : ne sont-ce pas les Goths, les Wisigoths, les barbares de toutes les dénominations, qui depuis quatorze cents ans ont empesté l'Europe de leurs établissemens bien dignes d'eux? n'est-ce pas là ce qu'on recommande sans cesse à nos respects comme étant l'ouvrage de nos pères? Nous avions là des pères bien ingénieux! et tous ces établissemens ont-ils donc couvert l'Europe de bienfaits? quelles traces y ont-ils laissé? Autant vaudrait regretter le changement de ces maisons gothiques dans lesquelles le jour et l'air pénétraient à grand'-peine, dans ces édifices élégans et commodes qu'un art meilleur leur a substitué. Autant vaudrait dire : pour garder la religion il faut garder toutes ses superstitions, ce sont les avant-murs de celle-ci. Les fictions sociales sont, de leur côté, les avant-murs de l'aristocratie; et celle-ci, à son tour, est l'avant-mur du despotisme. La raison opère sur les sociétés comme sur la religion; car toutes ses œuvres marchent de front : elle a débarrassé la religion de cet entourage de faux miracles, de traditions insensées, de pratiques misérables, que les temps de barbarie avaient entassés autour d'elle comme autant d'appuis? qu'a perdu la religion en se débarrassant de cet indigne cortége? Il faut avoir pitié des hommes qui ont assez mauvaise opinion de leurs semblables et d'eux-mêmes pour croire que l'on n'exerce d'empire sur eux qu'en commençant par les rendre stupides. L'homme animal est tout ce qu'il leur faut; dès qu'il n'est plus qu'homme ils ne s'y reconnaissent plus, et ne savent plus comment le manœuvrer.

Ce que la raison a produit sur la religion et en sa faveur, elle le fera de nouveau sur et pour les gouvernemens : mieux connus, on s'y attachera davantage, on sentira mieux leurs bienfaits. On ne contestera rien à ce qui sera reconnu vrai; tous les liens sociaux se rapportant à un but plus distinct, mieux apprécié, plus sensible dans son utilité, par-là

même en deviendront plus forts. On sera, il
est vrai, dans des sociétés autrement consti-
tuées, mais dans des sociétés meilleures, parce
qu'elles seront mieux entendues; et en définitive, c'est cela seul qui importe.

J'interroge la bonne foi, et je demande
si un Anglais aime moins sa patrie, et la
sert moins bien, parce qu'il peut se rendre
compte, d'après sa raison, de chacune des
parties de son gouvernement, et de celles de
la société au milieu de laquelle il vit; s'il aime
moins et sert moins bien son roi, parce qu'il
ne le sert pas avec la prodigalité de formalités,
et de locutions serviles dont on se fait un
mérite ailleurs. La société anglaise est-elle
dissoute, parce que l'Angleterre ne compte
qu'une aristocratie légale, bornée à un petit
nombre de têtes, tout le reste faisant corps
avec le peuple; qu'a-t-il manqué à la gloire,
à la richesse, à la nationalité de l'Angleterre
depuis que tout y a été ramené à cet ordre de
raison. Naguère il était l'objet de l'admiration
et de l'envie de la France. Pendant le règne
de Napoléon, on n'entendait que ces mots :
l'Angleterre a une constitution, et quand on a
été en mesure de s'assimiler à elle, sont arrivées

les objections, on recule, on rentre dans la citadelle délabrée des antiques préjugés; on se cramponne aux débris de l'aristocratie; et on invoque ces talismans discrédités comme les sauveurs de l'ordre social (1). La société américaine est-elle moins bien établie et moins féconde en résultats heureux pour ses membres, parce qu'elle est régie par des lois qui se font avec la plus parfaite simplicité, et d'une manière découverte à tous les yeux. L'Amérique est-elle inférieure en bonheur aux pays dans lesquels tout se fait d'une manière occulte, et qui sont chargés d'établissemens aristocratiques. La Hollande, la Suisse se sont-elles maintenues florissantes et heureuses sans l'oppression des rangs aristocratiques de Venise et de Gênes. Honorera-t-on moins les supériorités sociales, provenant des intérêts mêmes de la société, que les supério-

---

(1) Les deux élémens de toute monarchie durable, l'aristocratie et le clergé. —Il ne faut pas s'aviser de parler aux peuples comme à des enfans : cela ne ferait que les irriter, mais comme à une jeunesse égarée, il est vrai, mais susceptible de raisonnement et de réflexion. — *Journal des Débats*, 19 novembre 1820.

rités traditionnelles, sans aucun rapport avec les mêmes sociétés.

Vulgaire et dangereuse crainte que celle de la vérité, fatale appréhension que celle de la raison ! Aux lieux où tu règnes, raison tant redoutée, mon cœur se repose du spectacle des maux faits dans les lieux d'où t'ont bannie l'erreur et la déception ; et malheureusement, en parcourant le monde, mes yeux ne rencontrent guère encore que leur empire.

Je viens de lire dans un discours de président de collége électoral, et quels discours ont fait quelques-uns d'entre eux ! *que la société avait ses mystères comme la religion ; et qu'il y avait une égale témérité à les approfondir. Des mystères dans la société, comme dans la religion ! Des mystères de société au dix-neuvième siècle,* en France, dans le gouvernement représentatif, dont l'essence est de rechercher toutes les parties de l'organisation sociale. Où en sommes-nous, grand Dieu !

CHAPITRE XIV.

Caractère principal des deux sessions législatives de France et d'Angleterre.

En France, ce caractère a été la non-conformité. En Angleterre, la conformité. En France, deux partis se sont montrés, et remarquez que je dis partis, et non point opinions.

Parmi eux l'acception commune des mots, celle qui est nécessaire pour s'entendre, ne se rencontre point sur les points capitaux. Le but commun est le pouvoir; mais le but du pouvoir est fort différent; car chez l'un, il servirait à renverser ce que l'autre aurait fait.

Trois choses, représentées par trois mots, importent avant tout dans un pays, et quand on ne s'entend pas sur ces trois choses, on ne s'entend plus sur rien, et il est même impossible de s'entendre.

Ces trois choses sont : la religion, la souveraineté et l'état moral du pays. Chez nous, ces trois choses sont représentées par trois mots, *Dieu, le roi, la France*. Or, sur ces trois grands mots, pivots de l'ordre social, il n'y a eu que discorde.

D'un côté, la religion a été entendue tout autrement qu'elle l'était de l'autre. Là on montrait, comme religion, le concordat, les jésuites, le clergé politique, les missions, les ignorantins, les pratiques de la religion en tout et partout comme moyen d'empire sur l'homme, comme auxiliaire contre la révolution. Dans ce parti, les idées sur la tolérance étaient très-mal débrouillées; les coryphées de ses écrivains, emportés par un zèle indiscret, ou conduits par leur maladresse habituelle, de conséquence en conséquence ont été amenés à classer la tolérance parmi les choses irreligieuses, et à finir par montrer le *pape* comme le chef absolu du culte, et le chef nécessaire de la société civile européenne. La discussion sur la liberté de la presse fit éclater la manière dont chaque parti envisageait la religion. Il résulta de tout cela que les hommes qui fréquentent les mêmes temples, et dont le front est marqué des mêmes

signes religieux, avaient l'air de ne plus appartenir à la même religion. La royauté n'a pas
été entendue d'une manière plus uniforme.
*Vive le roi ! quand même. Le roi c'est la
patrie. Si ce que je dis n'est pas constitutionnel, du moins c'est bien Français*, a-t-
il été dit d'un côté. Sûrement on ne parlait pas
de même de l'autre. On y regarde la royauté
comme le faîte de l'édifice, placé par la société
même pour son intérêt; mais qui, quoique
la partie la plus relevée, n'est pas tout l'édifice. Pour les uns, le contrat social est le
principe de toute société : son nom seul
donne le *cauchemar* aux autres. C'est cette
question primitive, élémentaire, dont le défaut de solution fait tout le conflit. C'est autour d'elle que tourne si laborieusement
l'Europe; cette question se résout par le fait
dans beaucoup d'endroits, tandis que des intérêts, encore puissans, la font écarter dans
beaucoup d'autres.

Résolvez cette question, faites adopter sa
solution d'une manière généralement uniforme; alors vous aurez cette paix qui suit de
l'accord des esprits, et d'une convention généralement acceptée; mais tant que vous ne

serez pas fixés sur ce point, attendez-vous à des combats éternels.

L'état du pays, c'est-à-dire l'état moral de la France n'a pas été plus uniformément déterminé.

Pour les uns, c'est une terre de pestiférés.

Pour les autres, c'est un pays salubre, où l'air est pur, et les habitans exempts de toute contagion.

Maintenant bâtissez quelque chose sur un terrain aussi violemment contesté ; j'aimerais autant l'essayer sur les terres que sous les tropiques ébranlent des tremblemens journaliers. Aussi que s'en est-il suivi : Les plus âcres débats, des traits envenimés, volant d'un côté à l'autre, les imputations les plus outrageantes, des refus de confiance mutuelle, des intentions perverses imputées, des lois présentées au public par les législateurs eux-mêmes avec les notes les plus propres à les discréditer aux yeux de ceux qu'elles doivent régir ; et pour comble de maux une division générale dans les esprits. Par quel miracle la paix pourrait-elle régner dans un pays où le corps législatif serait divisé comme par égales portions sur les points fondamentaux.

Alors il est inévitable que la discorde ne passe de l'enceinte législative dans le corps même de la nation. La majorité qui fait la loi, ne fait pas également la paix, cela est au-dessus de son pouvoir, et lorsque la division se fait par parties à peu près égales, par masses, le mal se fait aussi par masses; c'est-à-dire qu'il devient immense, général et incurable.

Or, voilà ce qui a existé parmi nous, et ce qui me porte à demander ce que l'on prétend faire avant que de s'être entendu sur ces points cardinaux; car dans cet état de contradiction directe, il est impossible de dire de quel principe on part, ni vers quel but on tend. Des lois qui émanent du contrat social, comme leur principe, ou d'une source absolument différente; des lois faites pour un corps politique, en état de santé ou de maladie, ne peuvent se ressembler, participant nécessairement à la nature de leur principe et à celle de leur destination.

Ce défaut *de conformité* qui se fait ressentir depuis 1815 a formé le caractère principal des deux dernières sessions. Ce caractère a été plus marqué dans celles-ci que dans les précédentes; et cela devait être. Il y a un progrès naturel et nécessaire dans les choses; elles *vont en allant;* sur la scène toute pièce tend vers l'explication du mot qui fait le nœud de l'intrigue, les hommes ne peuvent point passer le temps à se regarder; il faut bien finir par s'expliquer; plus il y a d'intérêts attachés à cette explication, plus le besoin d'y arriver se fait ressentir. L'accroissement de chaleur qui s'est fait remarquer dans les dernières sessions est donc dans la nature des choses, et il y est encore que jusqu'à l'explication définitive des causes de la division, elle ne fasse qu'augmenter.

Je ne trouve en aucun pays ce que j'ai vu en France. En Amérique la législature est-elle moitié américaine et moitié loyaliste; en Suède, la diète est-elle à moitié *Gustave* et à moitié *Charles - Jean.* En Espagne les cortès ne sont pas mi - partie *libérales* et *serviles :* partout il y a conformité et tendance commune; aussi n'y passe-t-on pas le temps à se renvoyer les qualifications les plus flétrissantes, et à s'enlever mutuellement tout motif de confiance.

Que fût-il arrivé en Angleterre si la moitié des chambres eût été catholique et l'autre protestante, l'une attachée aux Stuart et l'autre aux Brunswick : on voit tout de suite l'Angleterre en feu. Elle a été plus sage; elle a laissé vacans les siéges des pairs non-conformistes, elle a fermé la porte des communes *aux non-conformistes*. J'entends cela, je vois la paix suivre infailliblement de cet ordre; mais des chambres non-conformistes sur les points capitaux; ah, je ne conçois plus cela, ou plutôt je le conçois trop bien, ainsi que tout ce qui s'est passé depuis 1815, comme ce qui peut encore arriver.

L'état de l'opposition anglaise n'est pas un état de *non-conformité*. Il faut bien se garder de confondre ces deux choses : elles n'ont rien de commun. Il y a opposition entre les hommes, sur des intérêts secondaires; mais sur le fond même des choses, la conformité règne. Par exemple, qui en Angleterre varie sur les principes élémentaires de la constitution; sur ceux de la révolution de 1688, elle est également pour tous *la glorieuse, l'heureuse révolution :* pour tous, elle est un acte pur de contrat social, d'autorité et de préservation sociale. En France, chez un parti, la révolution de 1789, avec tout ce qui

l'a suivi, est et sera toujours *l'horrible révo-*
lution. Des membres du côté droit ont usé de
la formule, *l'assemblée prétendue consti-*
tuante, la révolution n'a-t-elle pas été appelée
par le parti une révolte de vingt-cinq ans, et n'a-
t-il pas été dit que le roi pardonnait à défaut
de tout punir? Qu'a de commun ce langage avec
celui de l'Angleterre? Celle-ci présente-t-elle
une ombre de divergence sur la manière d'envisager la religion nationale, sur l'origine de
la royauté, sur le titre de la dynastie? Tout
est parfaitement d'accord sur ces points : la
moitié du parlement d'Angleterre voit-elle
dans la population du pays une masse de corruption, faite pour subir une quarantaine
morale, se complaît-elle à l'accuser, à invoquer l'étranger pour aider à la châtier? On
n'aperçoit rien de pareil dans ce pays : là, les
discussions ne portent que sur des points
placés, pour ainsi dire, à la circonférence ;
chez nous, au contraire, la division porte sur
le fond même des choses, son siége est dans
le cœur même de l'Etat. En Angleterre, l'opposition ne tend pas à chasser des choses,
mais seulement des hommes pour les remplacer ; elle n'aspire pas à façonner le pou-

voir, mais à le saisir : en France, au contraire, on a eu pour objet de faire le pouvoir et les choses ; on a voulu saisir le pouvoir pour le construire à sa guise, et pour le contourner en instrument de domination, 1° contre les les hommes, 2° contre les choses.

Tandis que la France donnait le spectacle de la plus violente division parlementaire, l'Angleterre affermie sur une base reconnue, portant sur des points convenus par tous, offrait l'image *de la conformité* législative la plus parfaite. L'opposition était réduite à ce qu'il faut qu'il y en ait dans un pays pour les apparences mêmes de la liberté qui naît des discussions publiques.

Ainsi, il semble écrit que, dans les deux pays, les choses semblables doivent encore ne pas se ressembler, et qu'il y aura toujours quelque chose d'inconciliable entre ces deux rivages. Mais d'où provient cette différence ? Demandez-le à l'aristocratie : qu'elle vous dise ce qu'elle est en Angleterre, et ce qu'elle veut être en France. Regardez autour de vous, et voyez ce qu'elle fait. L'Angleterre, après sa révolution de 1688, composa-t-elle son parlement de jacobites, sa cour de jacobites, ses administrations de jacobites, et toute la machine du gouvernement de jacobites? Elle les exclut, et l'œuvre de sa révolution se consolida. Au contraire, l'aristocratie française est mêlée avec tout le corps de l'Etat, et l'agite comme les liqueurs qui font fermenter le sang dans les veines : elle a des intérêts à part, un langage à part, un droit à part, c'est une nation à part ; elle a même un temps à part, un droit en opposition au droit nouveau, qui ne lui paraît qu'un fait, tandis que, suivant elle, le droit véritable milite en sa faveur, et vit dans son droit à elle.

J'ai touché ce grand article de l'aristocratie dans mon ouvrage sur les élections. Mais il est d'un intérêt si puissant, il emprunte des circonstances une telle gravité, que je crois d'abord profiter de l'occasion pour y ajouter de nouvelles réflexions.

CHAPITRE XV.

Complément de l'idée de la sociabilité. Aristocraties ancienne et féodale.

L'homme est fait pour la société. C'est l'être social par excellence. En lui tout porte vers elle. Celle-ci se forme par le réglement des droits entre les contractans, et se maintient par la surveillance sur l'exécution des conventions de l'association. Plus le contrat se rapproche de l'égalité, plus aussi il approche de la perfection; car il se rapproche davantage de la source même du contrat, et la perfection de toute institution est de ne pas s'écarter de son principe. Entre des êtres égaux en facultés sociales, le contrat ne peut être que l'égalité, puisqu'ils contribuent également aux charges de la société, et qu'ils tendent au même but. Les effets de l'égalité primitive ne s'arrêtent que devant les besoins de la socié-

té, qui leur commandent cette suspension
devant les intérêts de cette société, qui sont
les leurs propres, de manière à rapporter à
eux-mêmes le sacrifice qu'ils lui font. Ainsi,
les hommes que le défaut de fortune ou d'é-
ducation prive des garanties sociales, sont
constitués pour le bien de la société dans un
état d'inégalité qui leur fait perdre les droits
de leur égalité primitive, mais seulement d'une
manière suspensive, et jusqu'à ce qu'ils aient
acquis ces garanties dont la montre est nécessaire à la sécurité de la société.

Le meilleur ordre est celui dans lequel le
nombre des *suspens* est le moindre; car la
société la plus parfaite serait celle qui pré-
senterait le plus d'hommes, ou seulement
des hommes capables d'exercer des fonctions
à son avantage; car elle serait la société la
plus riche en garanties. Chaque exclusion
est un retrait fait à la société. Moins elle en
compte, plus elle est forte. Mais, de plus,
lorsque le retrait, au lieu d'être *à temps*, est *à
toujours*, alors le mal redouble. Avec l'ordre
aristocratique, le retrait est éternel; avec
l'ordre constitutionnel, il est seulement à
terme. Dans cet ordre, on n'est pas arrivé en-

core, mais on peut arriver. Avec l'aristocratie, on n'arrivera jamais. Que l'*accès* ne soit
pas fermé, toute la condition sociale est sa-
tisfaite; qu'il le soit, elle est détruite, et c'est
ce que fait cette barrière éternelle, que l'on
appelle l'aristocratie. Par elle, la presque totalité de l'humanité est constituée dans un
état invincible d'infériorité, et qui empêche
l'idée de la sociabilité de s'étendre, et d'arriver à son dernier terme ; car on sent que,
lorsque la sociéte supporte une domination
exclusive de quelques-uns sur tous, il ne
peut, sans un danger manifeste, être traité
de sa perfection, qui est le résultat des facultés
de tous. Deux choses sont donc opposées,
par leur nature, au développement de l'idée
de la sociabilité, l'esclavage et l'aristocratie (1). On ne peut point parler des droits de

____

(1) Est-il vrai que le christianisme ait détruit l'esclavage comme institution ? Elle n'était pas religieuse, mais civile. Elle n'est pas proscrite par l'enseignement sacré, ni par les lois ecclésiastiques. La
soumission se trouve partout recommandée aux esclaves, même envers les maîtres fâcheux. La destruction n'a pas été directe, l'esclavage a duré fort avant

la société à la face des esclaves. Spartacus et saint Dominique me dispensent de rien ajouter. L'aristocratie fait de même, quoique dans un degré inférieur. Elle vit de supériorités. Comment veut-on l'accorder avec la sociabilité dont l'égalité fait la base? L'aristocratie ne peut être séparée de l'idée de commandement, et de séquestration de la société comme existence à part, par conséquent elle

---

dans le christianisme, et il dure encore parmi les chrétiens. Voyez la Russie, la Pologne, ce qu'était l'Allemagne il y a quelques siècles. La condition de l'esclavage moderne était moins dure, mais l'esclavage durait. Les Espagnols et les Portugais sont chrétiens et même de *rudes chrétiens*. Qu'ont-ils fait dans l'Amérique et dans l'Inde, que faisons-nous à l'égard des Nègres; et cependant nous nous disons chrétiens.

Le christianisme n'a pas besoin d'emprunter au mensonge ses titres de gloire. Il ne peut admettre que ceux qui proviennent de la vérité, parce que lui-même vient d'elle, et ne retrace qu'elle. Il a des titres assez nombreux au respect et à la reconnaissance des hommes, pour pouvoir se passer de ceux qui ne seraient pas au-dessus de toute contestation, et celui-ci est de ce nombre.

est incompatible avec le développement plein et entier de cette sociabilité qui ramène vers l'égalité, et qui rappelle toujours son idée. L'aristocratie ne représente que celle du privilége : c'est à l'ordre constitutionnel qu'est réservé l'honneur de faire jouir l'humanité du complément de cette idée de la sociabilité. Pour lui, il n'a rien à déguiser, il porte avec lui l'étendue, la lumière, et tend, par sa nature, vers les dernières limites de la perfection sociale. Ses supériorités à lui sont tirées des besoins, des entrailles mêmes de la société; il suspend, mais n'exclut pas; il ne se refuse pas au temps, il ne fait qu'en demander; il n'élève pas des barrières, il ne fait que montrer des limites; il ne crée pas des impossibilités, mais des règles de capacité, et il invite à acquérir celle-ci; au lieu que l'aristocratie, par sa nature, stérilise les capacités nées et à naître. Voilà la différence qui existe entre l'ordre constitutionnel et l'aristocratie, et qui montre l'une aussi favorable à la sociabilité que l'autre y est contraire. En examinant les divers modes d'aristocratie, leurs diverses origines et leurs divers effets, on aperçoit une grande différence entre l'aristocratie des anciens et celle des modernes, l'aristocratie féodale de l'Europe.

La première était une haute situation politique avec des fonctions publiques. Telle est encore l'aristocratie anglaise; chez les anciens, aristocratie et pouvoir public marchaient ensemble, comme ils le font en Angleterre. D'ailleurs cette aristocratie, comme celle de l'Angleterre, était purement personnelle; et ne portait pas sur la terre et sur la propriété d'autrui, comme le fait l'aristocratie moderne. Celle-ci exerce à titre privé les pouvoirs publics; elle rendait la justice, battait monnaie, percevait des droits sur la proprieté qui ne lui appartenait pas; l'aristocratie ancienne était toute civique, comme on voit l'être l'aristocratie anglaise; l'aristocratie moderne est toute de commandement et de souveraineté; elle assujétit à la fois l'homme et la terre; elle est co-propriétaire, et recueille là où elle n'a pas semé. L'aristocratie ancienne, comme l'aristocratie anglaise, formait un lien entre les parties de l'Etat. L'aristocratie moderne scinde l'Etat; elle fait de chaque aristocrate un souverain à degrés inégaux, il est vrai, mais cependant un souverain, puisqu'à son titre d'aristocrate il participe aux droits de la souveraineté. Voyez ce qu'ils étaient dans notre France; et ce que, pendant plusieurs siècles, les rois ont eu à faire pour en faire des citoyens. Dans l'ancienneté, ainsi qu'en Angleterre, l'aristocratie était inséparable d'une réalité; mais à quoi se rapportent des aristocraties sans propriétés, sans juridiction, sans droits politiques, sans fonctions afférentes à l'intérêt public? que font à la société tous ces *Jean sans terre*, attachés à la société par leur existence matérielle, et séparés d'elle par toutes leurs facultés morales? L'aristocratie moderne est donc, par sa signification propre, beaucoup au-dessous de l'aristocratie ancienne, qui, semblable à l'aristocratie anglaise, était toute tournée vers les pouvoirs et le service public; aussi la première venait-elle des Grecs et des Romains, et la seconde est-elle venue des Barbares.

Les débris de cette ancienne aristocratie, chassés par la raison de ses anciens postes, ne réclament rien à ce titre d'aristocratie; au contraire, celle-ci repousse ce nom, et s'en défend comme d'une injure ou d'un danger, elle n'excipe plus d'un pouvoir qu'elle sent être sans racine et sans force propre; mais, remplaçant celle-ci par la ruse, elle tend à saisir celle du peuple même, pour le faire servir à son usage, pour recréer l'empire sous une autre forme; c'est par le peuple, ainsi abusé et *empaumé*, que les aristocrates travaillent à reconstruire l'aristocratie, leur marche est évidente. Ils demandent aux nations de leur prêter leur force propre pour refaire leur empire sur elles. Bien borné qui ne le voit pas !

L'aristocratie ancienne, et l'aristocratie anglaise, n'ont pas eu besoin de détour ni d'usurpation pour être au premier rang de l'État, parce qu'elles étaient de l'État, et qu'elles lui portaient, au lieu que l'aristocratie actuelle est en dehors de l'État, et en retire sans y rien porter; ce qui constitue la différence entre les deux aristocraties, et rend la dernière aussi préjudiciable que les premières furent utiles.

CHAPITRE XVI.

Etats-Unis d'Amérique, depuis 1818. — Leur belle conduite. — Amérique du Sud, depuis 1818. —Avenir de l'Amérique.

L'Amérique du Nord est en paix au-dehors comme au-dedans; heureuse contrée qu'une aristocratie détrônée ne menace pas tous les six mois d'un nouveau bouleversement; l'Amérique n'a point d'ennemis : on pourrait dire qu'elle n'en peut même pas avoir. L'Amérique n'a pour voisins que les Colonies espagnoles et anglaises. Les premières sont sans force, les secondes sont sous sa main, bien plus l'Angleterre elle-même est sous la main de l'Amérique; car celle-ci fait vivre l'Angleterre par le débouché qu'elle ouvre à ses fabriques. Celles-ci font la loi au pays qu'elles nourrissent; le pays qui leur commande, par une conséquence forcée, commande donc à l'Angleterre; elle a bien plus besoin de l'Amérique, que l'Amérique ne l'a d'elle; le suppléant de celle-ci est le monde lui-même qui aspire à servir de fournisseur à l'Amérique; mais où se trouve, pour l'Angleterre le monde qui remplacerait l'Amérique?

Le Canada est un lien de plus de dépendance de l'Angleterre, à l'égard de l'Amérique. Au premier coup de canon tiré entre les deux nations, ce pays passera sous la domination américaine d'une manière irrévocable; l'Angleterre ne peut point partir du Canada pour conquérir l'Amérique; et celle-ci n'a qu'un pas à faire pour conquérir le Canada. Quand la population américaine aura atteint vingt-cinq ou trente millions d'hommes, dites comment l'Angleterre défendra-t-elle son Canada.

Dans cet état de paix presqu'impossible à troubler, les Etats-Unis ne peuvent donc avoir que des occupations pacifiques. Les principales depuis 1818 ont été :

L'affaire des Florides,

Celle de l'Amérique du sud.

Toutes les deux sont d'un grand intérêt pour ces Etats; un seul mot de leur part suffit pour les décider toutes les deux. Jadis, qu'eût-on fait en Europe ?

Voici comme les Américains ont procédé :

Depuis que les Etats - Unis ont acquis la Louisiane, les Florides sont pour eux ce que la Bretagne était à la France avant la réunion de cette province. Le jour où le congrès traita de la Louisiane, il fut clair qu'il tendrait de toutes ses forces à faire rentrer cette enclave dans l'ensemble de son territoire.

Le congrès a pu faire valoir des prétentions à la charge de l'Espagne. Celle-ci a besoin des Florides à peu près autant que du Japon : une contestation avec l'Amérique peut lui coûter le Mexique et toute son Amérique ; c'est-à-dire qu'elle joue d'un côté *tout*, et de l'autre *rien*. C'est ce qui dans ce débat rendait sa conduite curieuse à observer. Que les États-Unis disent un mot, un seul mot, et c'en est fait de toute l'Amérique pour l'Espagne : eh bien ! ce mot immense dans son intérêt, irrésistible dans ses effets, l'Amérique ne l'a point prononcé. Elle a un intérêt fort grand à la possession des Florides, un intérêt immense à l'émancipation de l'Amérique du Sud, l'Espagne a tergiversé de mille manières aussi peu convenables à la dignité, à l'intérêt réel, au danger, qu'à la loyauté elle-même, les États-Unis ne se sont point prévalus de leurs avantages de toute espèce sur l'Espagne : un événement militaire les a mis en possession de l'objet contesté, il est soumis à un jugement; la force s'impose à elle-même la loi de s'arrêter, et appelle à la justice. Pendant ce temps, l'Espagne, qui avait cédé les Florides, qui les avait reprises, change de gouvernement; le despotisme disparaît, un ordre plus favorable à la confiance et à la stabilité s'annonce : à cet aspect l'Amérique prescrit à la force de s'arrêter, et d'attendre l'effet d'un changement qui donne à la raison et au droit l'espoir de triompher. Le congrès en est là au moment où je trace ces lignes, attendant que son espoir ne sera pas trompé, et que l'exemple de sa modération ne sera pas perdu. Hommage admirable rendu par la vertu, par la morale, à l'espérance de voir enfin un autre peuple n'écouter que les mêmes mobiles! à l'humanité, qui prescrivait de ne pas troubler un peuple dans l'œuvre de sa régénération, et de lui donner le temps de s'épurer dans son in-

térieur, pour parvenir aux moyens d'être ensuite juste envers les autres. A ce spectacle d'une modération que l'on peut appeler
vraiment humaine, on sent la société se raf-
fermir, on croit voir l'ordre constitutionnel
tendre la main à un nouvel associé pour faci-
liter son entrée dans le monde.

Ces mêmes caractères de modération se
retrouvent encore dans la conduite des États-
Unis à l'égard de l'Amérique du sud.

L'indépendance de l'Amérique espagnole
est pour les États-Unis ce que serait pour un
État de l'Europe l'affranchissement de la presque totalité de cette contrée, si elle était pos-
sédée par l'Asie ou l'Amérique. Les États-
Unis sont encore les seuls Américains maîtres en Amérique. C'est l'Europe qui règne
en Amérique; tout ce qui rendra l'Amérique
à elle-même et qui la séparera de la domination européenne est donc d'un prix fort grand
pour les États-Unis; ils sont au-dessus des
vengeances de l'Europe, tout les convie à la
braver, à l'exciter, à la porter aux cas de
guerre. L'ancienne politique européenne eût
triomphé de l'occasion, les États-Unis ont

suivi une marche bien plus morale et plus
élevée : mettant à part leur intérêt propre,
sourds aux demandes, aux excitations mêmes
des indépendans, ne craignant point de s'exposer à leur mécontentement, ils ont fait pré-
céder la décision politique par l'examen de
la justice ; ils ont voulu connaître les choses
avant de reconnaître les gouvernemens ; ils
ont voulu s'assurer que ceux qu'ils avaient à
reconnaître comme des membres des associations humaines, possédaient les qualités et
présentaient les garanties qu'elles exigent pour
exister d'une manière convenable à leur destination. La morale, la raison, l'humanité, ont
tracé cette direction. On avait vu d'anciens
peuples aller chercher des lois chez d'autres
peuples plus éclairés, mais on n'avait pas encore vu d'État aller chercher d'autres peuples ; c'est ce qu'ont fait les États-Unis : ils ont
dit à leurs envoyés ce que la vue de figures
de géométrie trouvées sur le sable fit dire à
un philosophe abordé sur une plage déserte :
Allez chez ces peuples nouveaux, et si vous
découvrez chez eux les signes qui caractéri-
sent les sociétés humaines, offrez-leur en

notre nom l'entrée dans celles qui couvrent le globe, et que nous reconnaissons comme en faisant partie.

Les États-Unis ont trois grands pivots de leur politique : 1° s'abstenir de toute affaire d'Europe ; 2° s'opposer à ce que l'Europe ne se mêle d'aucune affaire d'Amérique ; 3° parvenir à la formation d'un système américain complet.

Les États-Unis deviennent les législateurs de toute l'Amérique ; car toute cette contrée se forme en États fédératifs sur le modèle américain, à peu près comme tout le midi de l'Europe se forme sur le modèle espagnol. Cet ordre doit prévaloir en Amérique, car ce qui l'a fait adopter aux États-Unis le recommande également dans le reste de l'Amérique. L'Amérique du sud a passé l'intervalle du temps depuis 1818, plus à s'organiser qu'à combattre ; il n'y a eu de combats que dans le Venezuela. La guerre a été tout à l'avantage de l'indépendance, qui a étendu ses conquêtes au loin jusqu'aux frontières du Pérou ; il ne reste à l'Espagne dans cette contrée que quelques points fortifiés et les débris de l'armée de Morillo, qui privés de renforts ne peuvent soutenir la lutte.

L'Espagne a menacé Buenos-Ayres, et c'est l'expédition dirigée contre elle qui a conquis l'Espagne à l'ordre constitutionnel. Cet événement a mis Buenos-Ayres et l'Amérique à l'abri de nouvelles attaques. Au Chili, la paix a régné par l'absence complète de la domination et des partisans de l'Espagne ; celle-ci n'a plus aucun moyen d'atteindre ce pays. Il se dispose à attaquer le Pérou : ce royaume, assailli à la fois par les indépendans de Venezuela et par ceux du Chili, privé des secours de l'Espagne, averti de sa nullité et des avantages de son émancipation propre, ne peut tarder à devenir indépendant. Le Brésil étant séparé du Portugal et par lui-même et par la révolution de Lisbonne, la totalité de l'Amérique du sud se trouvera affranchie de l'Europe, marchant à part d'elle, et suivant sa direction propre. C'est ce qu'il faut bien concevoir, et ce qui est capital dans cette question. La suite nécessaire de cet ordre portera l'Amérique du sud à travailler à l'émancipation du Mexique dès que la sienne sera complète. L'une se croira toujours menacée tant que l'autre ne lui ressemblera pas. En effet, comment supposer que l'Amérique soit à moitié de l'Amérique et à moitié de l'Europe, surtout dans sa partie la plus opulente? cela est contre cet ordre de nature qui ne peut pas rester toujours faussé. On doit donc s'attendre que, même à part les événemens imprévus, si fréquens dans notre âge, l'émancipation du Mexique suivra de près celle de l'Amérique du sud. C'est un événement inévitable, et sur lequel il faut s'arranger à l'avance. Alors l'Amérique entière retombera de tout son poids sur les colonies de l'archipel américain, qui ne pourront, faibles comme elles sont, manquer de suivre le mouvement du tourbillon au milieu duquel elles se trouveront placées. Conçoit-on les Antilles restées européennes à la vue et à la porte de l'Amérique toute américaine?

Ici, il me reste à observer deux choses; et, puissent-elles devenir d'utiles leçons!

1.ᵈ Qu'ont produit toutes les injures, les calomnies, les dénominations insultantes qui ont été prodiguées aux indépendans, et à

ceux qui, en esprit de prévoyance, annon-
çaient et notaient comme jour à jour tout ce
qui s'est passé. Que sont devenues toutes les
annonces pleines de jactance et de menaces,
sur sa force propre et sur la faiblesse de ses
ennemis? Qui est resté fort ou faible, maître
ou désappointé? Comment n'atteindre d'aussi
grandes questions que par des côtés aussi igno-
bles, aussi vulgaires? Qu'ont empêché les mensonges, les outrages? A quoi ont-ils servi? à peu
près autant que les annonces de M. Châteaubriant sur le terme de la révolution d'Espagne.
Il faut plaindre les hommes qui à la vue de
ces grands mouvemens de l'humanité, restent
étrangers à ce qu'ils renferment d'utile pour
elle, et ne trouvent de force que pour l'in-
sulter.

2° L'Espagne a essayé de rapprocher ses
colonies par des invitations pacifiques, et
par l'offre de la participation aux bienfaits
de sa révolution. C'était un étrange spectacle
que celui d'une révolution d'Europe invitant
une révolution d'Amérique faite en vue de
la séparation avec l'Europe, à s'arrêter à sa
voix et à revenir à elle. Autant aurait valu
inviter les eaux du fleuve des Amazones à se

réunir avec celles du Tage. L'Amérique a répondu par des cris d'indépendance et par un redoublement de guerre (1). Cela pou-

----

« (1) *Moniteur*, 8 *décembre* 1820.

Angostura, le 1er août.

» Le Courrier de l'Orénoque contient toute la correspondance qui a eu lieu entre les généraux royalistes et les généraux indépendans, au sujet des propositions faites par les premiers, en conséquence de l'adoption de la constitution des cortès par le roi. On connaît déjà le résultat de cette correspondance, qui a été le rejet de tout arrangement qui ne serait pas précédé de la reconnaissance formelle de la république de Columbia. »

« Voici les deux pièces de cette correspondance qui présentent le plus de caractère et d'intérêt.

Morillo à Montillo.

« Carracas, 17 juin 1820.

» Peut-être les grands et heureux événemens qui ont eu lieu en Espagne, au mois de mars dernier, ne sont-ils pas encore connus de votre seigneurie. S. M., toujours attentive au bien de son peuple, s'est dépouillée spontanément du pouvoir dont ses ancêtres avaient joui pendant trois cents ans, et a juré

vait-il être autrement, et tout Européen un
peu réfléchissant n'avait-il pas fait d'avance

---

d'observer la constitution politique des cortès, selon
le vœu universel de la nation. Jamais aucun roi n'a
donné une aussi grande preuve de la sincérité de ses
vœux pour son peuple, ni fait un sacrifice aussi héroïque. La péninsule d'Espagne a également et simultanément juré cette constitution; les provinces
de l'Amérique espagnole ont suivi son exemple avec
les plus grandes acclamations de joie, et mis fin par
cette noble conduite aux horreurs de la guerre in-
testine.

» Le roi, assis sur le trône constitutionnel des Es-
pagnes, et au milieu des nombreuses et importantes
occupations auxquelles le changement d'une loi fon-
damentale donne nécessairement lieu, s'est empressé
de porter ses regards sur les provinces de la monarchie dans cette partie du monde; S. M. a vu avec
la plus profonde douleur les infortunes de cette partie
de son grand empire, et a pensé que le bonheur et
la satisfaction de son cœur paternel ne seraient point
complets, si elle n'employait tous les moyens possibles pour les faire cesser. Sa première démarche a
été d'adresser aux Américains la proclamation ci-
jointe, pleine de modération et de bonté, et digne
de la reconnaissance de ses sujets et de l'admiration
des étrangers.

» En conséquence, S. M. ne mettant aucune borne

la réponse que l'Amérique a adréssée à son
ancienne sœur. Mais telle est parmi les hom-

à sa bienveillance et à ses désirs généreux, m'a particulièrement autorisé à traiter avec le Gouvernement des insurgés, à m'informer des projets et des
vœux de ce même Gouvernement, et à travailler
avec lui à effacer pour toujours le souvenir des événemens passés. Afin de remplir les intentions du
roi et de satisfaire mes propres vœux, j'expédie
aujourd'hui des dépêches aux autorités qui gouver-
nent les différentes provinces, et des commissaires
du Gouvernement d'Angostura, dans le but de mettre
un terme à nos dissensions ; mais attendu qu'il est
impossible de s'entendre les armes à la main, il est
nécessaire de suspendre les hostilités pour se placer
dans cet état de calme qui en donnant accès à la raison dans les esprits, remplace l'emportement des
passions.

Je prescris à cet effet aux commandans des différentes divisions de l'armée de terre et de mer que
je commande, de cesser les hostilités, et de rester
dans les positions où ils se trouvent, pendant un
mois à partir du jour où votre seigneurie recevra
cette dépêche. Comme il n'est pas en mon pouvoir
d'informer assez promptement dé cette mesure indispensable le Gouvernement dont vous dépendez,
j'ai jugé convenable de vous en faire part directement. J'espère que votre seigneurie reconnaîtra la

mes la force des préjugés de l'habitude et celle de la ténacité à ce qu'ils ont une fois possédé, quoiqu'ils ne puissent le retenir.

---

franchise de mon procédé, la sincérité de mes intentions et la bonté du roi, qui n'a d'autre désir que la réunion et le bonheur de la grande famille.

» Dieu conserve, etc.

Signé Pablo Morillo. »

A. S. Exc. don Pablo Morillo.

«Après les maux infinis et irréparables que la conduite des généraux espagnols a attirés sur la malheureuse Amérique ; après le sang et le deuil dont elle a été couverte partout où ils ont mis les pieds ; après que les Américains les plus illustres ont péri sur l'échafaud : après que les contributions les plus énormes ont été par eux extorquées du peuple le plus pauvre ; après avoir manifesté le projet de réduire ce peuple à l'esclavage le plus ignominieux, ou de l'anéantir ; enfin, après que l'emprisonnement le plus honteux, les insultes et les vexations les plus dégradantes ont été la récompense d'hommes pleins d'honneur, de talent et de patriotisme, j'ai lieu d'être surpris des propositions de V. Exc., en date du 17 juin.

» Les Américains ont déjà fait connaître leurs in-

Renoncer est un mot inconnu à la politique
vulgaire, un faux espoir ne peut pas plus cesser

---

tentions, avec cette fermeté que leurs succès leur ont
naturellement inspirée ; ils ont juré sur les mânes
sacrés des victimes immolées par les Espagnols,
de ne confier leur destinée future qu'à eux-mêmes,
et de ne dépendre désormais que de leur propre volonté. Que V. Exc. réfléchisse sur ce qui a été fait
dans l'Amérique méridionale ; qu'elle se rappelle
les assassinats, les confiscations et les violences de
toute espèce commises malgré les amnisties les
plus solennelles, et les traces laissées par l'armée espagnole dans tous les pays où elle a passé.
Tournez vos regards, général, vers ces lieux horribles, originairement destinés aux malfaiteurs, et
qui sont maintenant remplis d'hommes illustres, de
respectables pères de famille et de citoyens utiles ;
vous serez convaincu qu'un simple changement de
langage ne suffit point pour réparer les malheurs et
les pertes que nous avons éprouvés, ni pour nous
faire revenir à d'autres idées et à d'autres sentimens
que ceux que nous avons exprimés.

» Souffrez que je vous dise que le langage que vous
nous tenez aujourd'hui pourrait paraître plus sincère
et moins suspect s'il venait de tout autre que de
V. Exc , qui, en rendant compte à votre souverain
de la situation politique de l'Amérique méridionale,

dé vivre au fond du cœur des Etats, que dans celui des particuliers. Si l'on a pu fonder de

---

et en lui parlant du caractère de ses habitans, particulièrement de ceux de Venezuela, lui fit sentir qu'il était impossible de les subjuguer, si on n'en passait pas les deux tiers au fil de l'épée. Si V. Exc. avait consulté l'histoire des révolutions et de leurs vicissitudes, elle aurait trouvé qu'un véritable homme d'état doit être avant tout juste et humain.

» Votre Excellence ne doit donc pas être étonnée si conformément à l'autorité dont je suis investi, et au vœu général des peuples qui reconnaissent le Gouvernement de la république, et indépendamment de toute résolution que pourrait prendre le Gouvernement suprême sur les propositions de paix et de réconciliation que vous faites, je déclare hautement, pour ce qui me concerne, que je ne consentirai jamais à aucune suspension d'armes, ni à aucune espèce de négociation, à moins que, par une condition préliminaire, l'indépendance de l'Amérique ne soit reconnue. Ce n'est que sur cette base indispensable que tout traité subséquent peut être fondé.

» Si la guerre continue, l'observation inviolable des droits des nations, et les principes sacrés de l'humanité seront pour moi des lois que je suivrai religieusement, pourvu que nos ennemis ne s'en écartent point ; mais s'ils adoptaient un autre système, j'usel'espoir sur les divisions de quelques parties de l'Amérique, Buenos-Ayres, on devait en conclure tout le contraire, et se dire que le moyen le plus sûr de les faire cesser, était de paraître et de se montrer, les hommes se combattent entre eux dans cette contrée, mais pour y rester les maîtres et non pas pour que l'Espagne y soit maîtresse. La convention se déchirait elle-même, était-ce pour l'ancien régime? Les divisions intestines, fruit d'ambitions particulières, sont au contraire les plus sûrs garans de l'exclusion de l'étranger. On a cru aussi que ces mêmes divisions seraient un obstacle éternel à l'établissement des républiques américaines : autre jugement dépourvu

----

rais de justes représailles, quelque violence que je dusse faire à mes sentimens. Si, au lieu d'avoir été partout favorisés par la victoire, la fortune se fût déclarée contre nous, j'aurais tenu le même langage que je vous fais entendre en ce moment, car mes principes sont inaltérables. L'Europe et le monde entier apprécieront nos raisons et notre conduite.

» Dieu et la liberté.

Signé MARIANO MONTILLÓ. »

Baranquilla, 28 juillet 1820.

de justesse. Quel gouvernement européen exis-
terait aujourd'hui s'il n'y avait debout que ceux
dont l'établissement a été pacifique? Les Rois
de France ont combattu depuis Clovis jusqu'à la fin de la Fronde, le combat a recommencé en 1789. L'Angleterre n'a pas eu un
moment de repos jusqu'en 1688, et l'Espagne
qui a consumé 775 ans à chasser les Maures,
a eu beaucoup à faire encore pour réunir
dans un centre commun ses seize monarchies.

FIN DU TOME PREMIER.

Pag.   70, lig. 17, embrasse, *lisez :* embrase.
—— 109, —   8, encore inconnue, *lisez :* inconnue jusqu'à lui.
—— 119, —   8, étaient veuues, *lisez :* venaient.
—— 150, —   8, maintiennent, *lisez :* maintenaient.
—— 166, — 12, aussi, *lisez :* si.
—— 173, — 15, se reposent, *lisez :* reposent.
—— 179, — 18, et leur population, *lisez :* et que sa population.
—— 187, — 22, république, *lisez :* républicaine.
—— 194, — 23, Villerri, *lisez :* Villeroi.
—— 195, — 10, le faire, *lisez :* se faire.